슐라이어마허
- 감동과 대화의 사상가

현대신학자평전 4

슐라이어마허
－감동과 대화의 사상가

최신한 지음

살림

머리말

슐라이어마허라는 이름은 우리에게 아직도 낯설다. 우리말 발음으로 쉽게 옮겨지지 않는 이름과 같이 그에 대한 본격적인 소개는 이제껏 거의 이루어지지 않았기 때문이다. 그러나 이번 살림출판사의 획기적인 기획 덕분에 슐라이어마허의 생애와 사상에 대한 전반적인 소개가 이루어지게 된 것은 큰 기쁨이 아닐 수 없다. 사상사의 한 지점을 선명하게 장식한 탁월한 인물의 전반적인 면모를 개략적으로나마 파악할 수 있게 된 것은 우리의 현실에 비추어볼 때 하나의 사건임에 틀림없다.

그동안 우리에게 알려진 슐라이어마허는 '근대 신학의 아버지' 내지 '절대의존감정을 주장한 철학자'라는 정도를 벗어나지 않는다. 그러나 이러한 규정이 무색하게도 그에게는 정통주의 신학을 뒤흔들어 놓은 위험한 '자유주의자'라는 혐의가 따라다닌다. 안타깝게도 이러한 주장은 많은 경우 학문적 논의를 벗어나 이루어짐으로써 사상 자체에 대한 학문적 관심과 접근을 차단하는 교조적 방편으로 이용되기도 했다. 이러한 조건 속에서 이 책은 슐라이어마허에 대한 가치중립적인 서술을 지향한다.

슐라이어마허는 현대적인 의미에서 '감동과 영성의 사상가'로 규정될 수 있다. 진정한 신앙은 구체적인 삶의 현장을 도외시한 채 위로부터 주어진 교리에 복종하는 것이 아니라, 치열한 삶의 한가운데서 하나님을 만나고 마음 깊은 곳에서 그와 교제하는 것이다. "유한성의 한복판에서 무한자와 하나가 되고 순간 가운데서 영원인 것이야말로 종교의 불멸성이다." 종교와 신앙은 마음의 감동 없이 존립할 수 없으며 이러한 감동을 통해 그때마다 새롭게 변모하는 영성의 변화 없이 생명력을 유지할 수 없다. 종교와 신앙은 내면의 실존적 관계를 우선시하며 이를 통해 항상 새로운 질적 상태를 추구한다.

이러한 슐라이어마허의 생각은 계몽주의에 대한 적극적인 응답이다. 모든 것을 계몽과 합리성의 대상으로 삼는 시대 분위기 속에서 존립의 위기를 맞게 된 종교와 신앙을 직관과 감정의 통로를 통해 구해낸 것이다. 직관과 감정을 강조하는 것은 사고와 의지를 강조하는 계몽주의에 맞서는 초기 낭만주의 사유의 전형이다. 사고를 통해 존재를 파악하려는 자발적인 노력은 유한한 세계에 국한되는 반면, 종교적 직관과 감정은 우주를 향해 자신을 개방함으로써 무한한 세계와 접촉할 수 있다. 직관과 감정이 무한한 세계와 접촉하는 것은 개성적이고 특유한 체험으로 귀결된다. 사고가 보편적이고 체계적인 앎을 산출한다면, 직관과 느낌과 예감은 고유한 실존적 체험을 만들어낸다.

종교적 체험은 이제껏 드러나지 않은 전혀 새로운 세계를 중시한다. 체험을 통해 무한자가 새로운 모습으로 드러나며 이를 통해 체험의 주체가 전혀 새롭게 변모된다. 그리고 이러한 주체의 변화에서 낭만주의 사유의 핵심인 '개성적 새로움'이 획득된다. 이러한 사유는 200년 전의 것이지만 오늘날의 포스트모던 사유와도 일맥상통할 정도로 현대적이다.

이미 4쇄가 발행된 『종교론』의 독자를 생각하면서 슐라이어마허를 총체적으로 소개하는 이 책도 결코 외면당하지 않으리라는 희망을 가져본다. 그의 고유한 사상에 대한 갈증이 적지 않게 발견되기 때문이다. 그간 슐라이어마허에게 가해진 잘못된 비판이 이 책을 통해 바로잡아지는 계기가 되기를 바라며, 아울러 <현대신학자평전>을 꾸며준 살림출판사에 심심한 사의를 표한다.

2003년 10월, 최신한

차 례

머리말 4

1. 슐라이어마허 전기 9
   유년기와 청소년기 | 신학연구와 가정교사 | 샤리테병원의 설교자와 초기 낭만주의 모임 | 슈톨프의 궁정설교자 | 할레대학 신학 교수 | 베를린대학 교수, 학술원 회원, 삼위일체 교회 설교자

2. 초기 사상 33
   『종교론』(1799)-직관과 감정으로서의 종교 | 『독백』(1800)과 개인성의 윤리학 | 『지금까지의 도덕론 비판』(1803) | 플라톤 연구와 번역 | 『성탄 축제』(1806)

3. 철학강의-대화와 교호성의 철학 76
   변증법 | 윤리학 | 해석학 | 미학 | 국가론 | 심리학 | 교육학

4. 신학사상-감동과 영성의 신학 148
   『신학연구입문』(1811, 1830) | 『기독교 신앙』(1821/22)-기독교 교의학 | '신앙론' 논쟁과 개정판(1830/31) | 『기독교 도덕』 | '실천신학' 강의 | '예수전' 강의 | 『설교집』

5. 슐라이어마허 영향사: 기독교(종교)와 학문(철학)의 관계 205
   철학 | 신학

• 참고문헌 220

* 본문에 인용된 성경구절은 '개역 한글판'을 따랐다.

1. 슐라이어마허 전기

유년기와 청소년기(1768~1787)

프리드리히 다니엘 에른스트 슐라이어마허는 1768년 11월 21일 독일의 브레슬라우에서 태어났다. 대를 잇는 개혁교회의 목회자 집안 출신으로서 조부 다니엘 슐라이어마허 목사로부터 두 번째 이름을 얻었다. 다니엘 슐라이어마허는 샤움부르크의 궁정설교자를 지냈으며 본과 엘버펠트에서 설교자를 역임했고 경건주의 운동을 열정적으로 지지했다. 슐라이어마허 사상에 들어 있는 경건주의의 흔적은 이러한 가계의 영향에서 나온 것으로 보인다. 슐라이어마허의 아버지 고트립 아돌프 슐라이어마허는 두이스부르크에서 신학을 공부한 뒤 경건주의 종파의 설교자로 활동했다. 그러나 곧바로 경건주의 종파에 대해 의심을 품게 되면서 계몽주의적 교회에 심취했다. 7년 전쟁 때에는 프리드리히 2세의 프로이센 군목으로 활동했으며, 전쟁이 끝난 뒤 브레슬라우에 정착하면서 카타리나 마리아 슈투벤라우흐와 결혼하여 2남 2녀를 낳았다. 그리고 슐라이어마허는 맏딸 샤르로테 다음에 태어났다.

슐라이어마허의 아버지는 나이 50을 넘기면서 헤른후트적 경건을 받아들여, 이 영향으로 아이들을 헤른후트 교육기관에 보냈으며, 1783년 슐라이어마허는 남동생과 함께 니스키에 있는 학교에 입학했다. 슐라이어마허가 기숙학교에 입학한지 얼마 지나지 않아 어머니가 세상을 떠났으며, 아버지는 그 후 재혼하여 3명의 자녀를 더 낳았고 슐라이어마허의 막내 이복동생이 세 살 되던 해 안할트에서 생애를 마쳤다.

슐라이어마허의 어머니 또한 개신교 신앙을 지키기 위해 오스트리아에서 독일로 이주한 목회자 집안 출신이었다. 그의 외조부 티모테우스 크리스티안 슈투벤라우흐는 베를린의 궁정설교자로 활동했으며, 사무엘 에른스트 티모테우스라는 이름을 가진 그의 외삼촌은 할레의 개혁 김나지움의 교장과 할레대학교 신학부 교수를 지냈다. 슐라이어마허의 세 번째 이름은 그를 특별하게 보살펴 준 외삼촌으로부터 온 것이다.

슐라이어마허는 군목의 일로 출장과 외지 근무가 잦았던 아버지보다 어머니의 영향 아래에서 성장했다. 열 살 때까지 브레슬라우에서 프리드리히초등학교(Schule)를 다녔으며, 플레스로 이사한 뒤에는 2년간 학교를 다니지 못하다가 열두 살 때 기숙학교(Pension)에서 정규교육을 받았으며, 여기서 주로 고전어를 공부했다. 1783년 6월 슐라이어마허는 니스키(Niesky)의 기숙학교(Pädagogium)에 입학하는데, 이 학교의 교육 목표인 헤른후트적인 경건의 정신은 그의 일생을 동반했으며 그만의 독특한 신학사상으로 결실을 맺게 된다. 기이하게도 슐라이어마허는 니스키의 기숙학교에 입학한 후 아버지를 한 번도 만나지 못했으며, 입학 직후 어머니가 작고했기 때문에 슐라이어마허의 니스키 생활은 결국 부모와의 영원한 이별이 되고 말았다.

기숙학교 정규과정에 들어가기 전에 반드시 거쳐야 하는 그나덴프라이의 11주 준비과정은 슐라이어마허에게 중요한 종교적 체험의 기회를 제공했다. 여기서 그는 냉철한 사람을 뜨거운 가슴의 소유자로 만들어주는 종교적 상상력을 체험하게 되었으며, 그의 편지에서 말하고 있듯 "대부분의 사람들에게서는 이론과 관찰에서 형성되는 사고방식을 나는 나만의 고유한 역사의 결과와 각인으로 간주할 수 있게"[1] 되었다. 1783~1785년까지의 니스키 생활은 슐라이어마허에게 행복

---

[1] *Aus Schleiermachers Leben. In Briefen*, hrsg. von. W. Dilthey, Berlin 1861~1863, Bd. 1, 7쪽(H. Fischer, *Friedrich Daniel Ernst Schleiermacher*, München 2001, 19쪽에서 재인용).

하고 풍요로운 종교적 체험의 시간이었다. 그는 여기서 이른바 헤른후트 경건주의의 실체를 체득한 것이다. 친첸도르프 백작(Grafen von Zinzendorf, 1700~1760)으로 거슬러 올라가는 헤른후트 경건주의 운동은 개인의 내적 체험과 새로운 내면의 형성을 중시한다. 니스키 기숙학교의 종교적인 훈련 프로그램은 개인적인 차원과 공동체적인 차원에서 동시에 이루어지며 종교적인 체험을 서로서로 나눔으로써 끝을 맺는다. 『종교론』과 철학강의에서 발견되는 '개인성'에 대한 강조는 이 시절의 종교체험에 토대를 두고 있다.

1785년부터 2년간 슐라이어마허는 마그데부르크 남동쪽에 위치한 바르비(Barby)신학교에서 공부한다. 이 신학교는 형제교회가 운영하는 대학에 준하는 것이었고, 여기서 학생들은 성직자나 교사가 되기 위한 훈련을 받는다. 슐라이어마허도 가문의 전통을 따라 성직자가 되기 위해 이 학교에 들어왔지만, 여기서 심각한 고민에 빠지며 내면의 중대 위기를 경험하게 된다. 그는 니스키의 종교적 체험을 넘어 학문적 관심을 갖게 되었지만 이 신학교의 환경은 이를 충족시켜주지 못했으며 오히려 방해가 되기도 했기 때문이다. 여기서는 신학과 철학에 대한 새로운 연구 성과들을 접할 수 있는 길이 막혀 있었으며 이를 견뎌내지 못하는 친구들은 하나 둘 학교를 떠났다. 이 무렵 슐라이어마허는 심한 고독감에 사로잡혔을 뿐 아니라 마음으로부터도 형제 공동체의 일원으로 남아 있기를 거부하기 시작했다. 이러한 고민 끝에 그는 바르비의 위기를 빠져나갈 수 있는 탈출구를 신학을 본격적으로 연구하는 방향에서 찾으려했다.

기독교의 도그마는 청년 슐라이어마허가 이를 경건한 마음 가운데 무조건적으로 수용하기에 너무나 많은 의문을 발견했다. 그는 납득이 가지 않는 교리적인 문제에 대해 물었으며 이에 대한 답을 얻고 싶었다. 신의 영원성, 인간이 된 신, 그리스도의 대속과 같은 물음은 그를 바르비신학교에 머물러 있게 할 수 없었다. 그는 아버지에게 할레대학에서 신학공부를 할 수 있게 해달라고 간청했지만 아버지는 흔쾌히 허락하지 않았다. 결국 승낙하긴 했지만 아버지는 아들이 못마땅했다. 그는 아들이 전통적인 신앙의 테두리 내에 머물기를 바랐던 것이다. 이렇게 해서 슐라이어마허는 1787년 봄부터 할레대학교에서 신학공부를 시작하게 된다.

신학연구와 가정교사(1787~1796)

슐라이어마허는 할레대학교에서 1787년 여름학기부터 1788/89년 겨울학기까지 외삼촌 집에 머무르면서 신학을 공부 했다. 할레에는 잘 알려진 신학자 요한 살로모 셈플러가 가르치고 있었지만 슐라이어마허에게는 큰 영향을 끼치지 못했다. 그의 학문적 스승은 크리스티안 볼프 계열의 교수 요한 아우구스트 에버하르트(J. A. Eberhard, 1739~1809)였다. 슐라이어마허는 에버하르트로부터 그리스철학과 고전문헌학을 터득했을 뿐 아니라 칸트 철학에 대해 비판적인 입장을 갖게 된다. 나중에 행한 『변증법』강의의 핵심적인 주제 가운데는 에버하르트의 사유가 적지 않게 용해되어 있다. 이 무렵 그의 최초의 학문적 성과가 나오는데, 그것은 아리스토텔레스의 니코마코스 윤리학에 관한 연구(1788)와 번역(1789)이다. 이와 병행해서 슐라이어마허는 「최고선에 관하여」(1789) 및 칸트의 『실천이성비판』에 관한 비판적 단편을 작성한다.

1789년 5월 슐라이어마허는 할레를 떠나 드로쎈의 외삼촌 집으로 이사를 한다. 여기서 신학시험 준비를 마친 다음 1790년 베를린의 개혁교회 감독국에서 첫 번째 신학시험에 합격한다. 시험에 합격한 후 시험관이었던 사무엘 고트프리트 자크(S. G. Sack, 1738~1817)의 소개로 슐로비텐에 있는 프리드리히 알렉산더 도나 백작 집의 가정교사로 일하게 된다. 자크는 나중에 『종교론』의 검열관으로서 슐라이어마허와 또 다른 인연을 맺는다. 여기서 슐라이어마허는 이 집의 둘째 아들 빌헬름 도나를 가르쳤으며 도나가 쾨니히스베르크에서 공부하는 동안 그와 함께 머물렀다. 1791년 봄에는 쾨니히스베르크에서 칸트를 만났지만, 이 널리 알려진 철학자에게서 특별한 인상을 받지는 못했다고 전해진다. 슐로비텐에서 어린 아이들을 가르치는 동안 슐라이어마허는 백작 가족의 풍요로움과 조화로운 가정생활을 체험하고 사교적인 문화를 인상 깊게 받아들인다. 『종교론』과 『윤리학』에서 말하는 가족과 교제적 관계에 대한 서술은 이러한 체험과 무관하지 않은 것으로 보인다. 연구자들은 「삶의 가치에 대하여」가 이 시기에 씌어진 것으로 추정한다.

1793년 봄 슐라이어마허는 교육문제의 이견으로 인해 도나 백작 집의 가정교사를 포기하고 드로쎈의 외삼촌 집으로 이사한다. 그해 9월 다시 베를린으로 옮겨 교사양성학교의 교수 후보로 일하면서 교수직 취득을 위해 부과된 글을 쓴다. 「역사수업에 관하여」, 「야코비의 편지에 나타난 것 및 스피노자와 관련이 없는 실재론에 관하여, 특히 야코비 고유의 철학에 관하여」가 그것이다. 이것은 스피노자에 관한 야코비의 저술을 심도 있게 분석한 것으로서 여기에는 칸트 이후 철학에 대한 슐라이어마허의 입장이 잘 나타나 있다.

1794년 3월 슐라이어마허는 베를린에서 두 번째 신학시험에 합격했으며, 연이어 란츠베르크의 J. L. 슈만 목사 아래에서 부목사직을 얻는다. 이곳에서 자크의 권유로 휴고 블레어(H. Blair)의 설교집을 번역했으며, 조셉 포세트(J. Fawcett)의 설교집도 번역했다. 슈만이 죽은 뒤 슐라이어마허는 베를린 샤리테병원의 원목으로 일하게 된다.

샤리테병원의 설교자와 초기 낭만주의 모임(1796~1802)

1796년 9월 슐라이어마허는 샤리테병원 설교자로 취임한다. 그의 임무는 병원에 있는 개신교 신도들을 영적으로 보살피는 일이었다. 란츠베르크 생활과 마찬가지로 슐라이어마허는 공적인 업무와 병행해서 포세트의 설교집 번역과 철학연구를 지속했다. 자연법에 관한 연구는 이때 이루어졌다. 일상에서는 자신의 시험관이었던 자크와 다시금 교분을 쌓았으며 설교자였던 요한 요아힘 슈팔딩(J. J. Spalding, 1714~1804)과 교류했다. 슈팔딩의 종교사상이 슐라이어마허에게 영향을 끼쳤다는 사실은 최근의 연구가 잘 보여준다.

슐라이어마허는 1797년 새로운 인물들과 만나게 된다. 슐로비텐에서 가정교사로 있을 때 가르쳤던 빌헬름 도나의 형인 알렉산더 도나 백작이 그를 유대인 의사인 마르쿠스 헤르츠 박사에게 소개했고, 여기서 아주 지적인 여성인 헨리에테 헤르츠(Henriette Herz, 1764~1847)를 만난다. 이들은 고상한 정신적 교제를 나누었으며 함께 괴테의 『빌헬름 마이스터』를 읽기도 했다. 베를린에서 있었던 특별한 만남의 한복판에는 프리드리히 슐레겔(F. Schlegel, 1772~1829)이 있었다. 당시 슐레겔은 이미 문학계에 떠오른 별이었는데, 그는 슐라이어마허에게 곧바로 매혹되었으며 1797년 12월에는 아예 그의 집으로 들어가 버렸다. 2년 가까이 함께 생활하면서 이들은 서로를 자극하고 격려하는 삶과 일의 생산적인 동반자가 되었다.

슐레겔은 슐라이어마허에게 여러 가지 학문적 자극을 주었으며, 특히 새로운 글의 집필을 종용했다. 그는 슐라이어마허가 자신의 형인 아우구스트 빌헬름 슐레겔과 함께 『아테네움 *Athenaeum*』 잡지의 공동편집자로 일해 줄 것을 요구했다. 이를 계기로 슐라이어마허는 칸트의 『실천적 관점에서 본 인간학』과 피히테의 『인간의 사명』에 대한 서평을 발표했다. 나중에 슐라이어마허만의 작업이 되긴 했지만, 두 사람은 플라톤 대화편을 독일어로 옮길 계획을 세우기도 했다. 슐레겔이 슐라이어마허를 자극하고 격려한 일은 1799년에 익명으로 출판된 『종교론』으로 중요한 결실을 맺는다. 슐라이어마허는 친구와의 약속을 지키기 위해 자신을 독려했으며, 그 결과 계획보다 늦기는 했지만 신학사와 철학사에 빛나는 작품이 탄생하게 된 것이다. 슐라이어마허의 초기 사상이 용해되어 있는 『종교론』은 이후 세 차례나 개정되어 총 4판으로 출간되었다.

같은 해에 슐레겔은 소설 『루신데』를 발표한다. 이 소설은 낭만주의적인 사랑과 결혼을 자서전적인 필치로 묘사하고 있는데, 이는 수많은 비판과 비방을 불러일으켰다. 이때 슐라이어마허는 『프리드리히 슐레겔의 루신데에 대한 친서』를 발표함으로써 곤경에 빠진 친구에게 도움을 주었다. 슐라이어마허는 슐레겔이 묘사하는 우정과 사랑과 결혼에 전적으로 동의하지는 않았지만, 결혼에는 합리적인 관점보다 사랑이 전제되어야 하고 부부간의 교호적인 성장의 경험이 중요하다고 생각한 것이다. 이 일로 인해 슐라이어마허도 온갖 중상과 비방에 시달렸지만, 그는 슐레겔과 낭만주의 모임에 대한 애정을 버리지 않았다. 특히 개성 내지 개인성에 대한 사유는 베를린 낭만주의 모임과의 밀접한 관계에서 형성된 것으로서 슐라이어마허는 이러한 토대 위에서 사랑과 우정과 교제에 대한 사유를 전개시킬 수 있었다. 『종교론』과 『윤리학』에 서술된 이와 관련된 주제들은 사실 초기 낭만주의 모임과의 교분에 빚지고 있다. 그러나 그는 낭만주의자로 머물지 않으며 대 철학자와 대 신학자를 향한 그만의 독자적인 길을 재촉한다.

슈톨프의 궁정설교자(1802~1804)

슐라이어마허가 베를린을 떠나게 된 것은 복잡하게 뒤얽힌 인간관계 때문이다. 1788년에서 1800년까지 전성기를 구가하던 초기 낭만주의 운동은 구성원들의 개인적인 일들로 인해 흔들리게 된다. 슐레겔은 『아테네움』의 편집을 그만두고 이를 슐라이어마허에게 맡겼는가 하면 이 모임의 구성원이었던 이혼녀 도로테아 바이트(D. Veit)와 함께 예나로 떠나게 된다. 또한 슐라이어마허와 슐레겔은 점차 서로의 차이점을 발견하면서 서먹서먹한 관계에 빠진다. 1801년에는 노발리스가 29세의 나이로 삶을 마감했는데, 이 사건은 특히 친구들의 모임을 근본적으로 뒤흔들어 놓는 결과를 낳았다.

슐라이어마허는 헨리에테 헤르츠와 함께 활동했음에도 그녀와는 정신적인 사랑에 머무른 대신, 1789년부터 엘레오노레 그루노우(E. Grunow, 1770~1837)와 고통스런 사랑에 빠지게 된다. 그녀는 한 설교자의 불행한 아내였으며 아이도 없었다. 1801년 동정심 많은 슐라이어마허가 구혼했지만 그녀는 망설였고, 다음 해 그는 그녀가 자유롭게 결정할 수 있도록 하기 위해 아예 베를린을 떠나버린다. 그러나 그루노우는 4년 뒤 남편과 이혼하고 양심에 따라 슐라이어마허에게 돌아오지만, 이 사건은 슐라이어마허의 편지문구처럼 "말로 다할 수 없는 깊은 불행과 고통"으로 끝난다.

1802년 슐라이어마허는 신학시험의 시험관이자 후견인이었던 자크의 도움으로 슈톨프의 궁정설교자로 자리를 옮긴다. 자크는 검열관으로서 『종교론』에 대해 비판하기도 했지만 슐라이어마허가 겪고 있는 어려움을 잘 이해하고 그에게 새로운 목회자리를 주선해 준 것이다. 슐라이어마허는 우연치 않게 외조부가 활동했던 자리로 오게 되었지만 목회 현장은 그리 좋지 못했다. 슈톨프뿐 아니라 그 주변 지역의 작은 교회들을 모두 감당해야 했기 때문에 여행이 잦았으며, 그곳의 날씨도 그에게 우호적이지 않았다. 도서관도 제대로 갖추어지지 않은 열악한 여건이었지만 슐라이어마허는 여기서도 연구를 게을리 하지 않았다.

슈톨프에서 슐라이어마허는 베를린에서 시작한 플라톤 번역에 집중하여 1804년 제1권을 출간한다. 그리고 그의 플라톤 번역 작업은 1828년까지 이어진다. 이 시기에 그는 『지금까지의 도덕론 비판』이라는 최초의 철학연구서를 펴낸다. 나중에 할레와 베를린대학에서 행한 '윤리학 강의'의 기초가 된 이 책의 내용은 너무 난삽하게 기술되어 있어 독자들로부터 큰 반응을 얻지 못했다. 슐라이어마허의 또 다른 학문적 작업은 셸링의 『대학의 연구방법론』에 대한 서평인데, 여기에는 당시 철학체계에 대한 그의 입장이 잘 나타나 있다. 이 글은 칸트 철학을 극복하려는 관념론적 철학체계와 구별되는 그의 독특한 체계구상을 보여준다.

1804년 초 슐라이어마허는 재조직된 뷔르츠부르크대학의 개신교 신학부 교수로 초빙될 수 있었다. 바이에른에서 새롭게 조직된 개신교 대학에는 1803년 이미 철학자 셸링과 신학자 파울루스가 와 있었지만 신학부를 강화하기 위해 슐라이어마허를 초빙하려고 한 것이다. 슈톨프 설교자 시절보다 보수도 좋았기 때문에 초빙에 응하려고 했지만, 프로이센의 프리드리히 빌헬름 3세가 그의 뷔르츠부르크 행을 막았다. 왕은 슐라이어마허를 '탁월한 설교자'로, 그리고 개혁교도와 루터교도의 교회적 통합을 이룰 수 있는 신학자로 프로이센에 묶어놓으려 한 것이다. 슐라이어마허는 이미 개혁교회와 루터교회의 분열을 통합할 수 있는 이념을 제시한 바 있으며, 이는 나중에 그의 대작 『기독교 신앙』에서 결실을 맺는다. 왕은 슐라이어마허의 사직서를 반려하고 봉급인상과 함께 그가 원하는 바에 걸맞은 지원을 약속했다. 이로써 슐라이어마허는 1804년 할레대학의 교수와 대학 설교자로 자리를 옮긴다.

할레대학 신학 교수(1804~1807)

슐라이어마허는 할레대학의 초빙을 흔쾌히 수용하지 않았다. 프로이센의 설교자로서 학문활동과 목회활동을 병행할 수 있었기 때문에 대학이라는 공간은 그에게 하나의 제약으로 보였다. 그는 개혁교회 목사라는 이유로 루터 신학부에 속할 수 없었고, 처음에는 할레대학 루터 신학부의 원외 교수로 초빙되었다. 개혁신학자를 개신교·루터 학부에 초빙한 것은 당시 프로이센이 추진하던 통합정책의 일환이었다. 정부는 그를 통해 상이한 개신교 분파의 통합을 성취하려고 한 것이다. 그러나 슐라이어마허의 교수활동은 네 학기 만에 중단되었다. 프로이센이 나폴레옹 군대에 패함으로써 1806년 10월 할레대학이 문을 닫았기 때문이다. 슐라이어마허는 할레에 초빙된 첫 학기에 교의학, 신학적 백과사전, 철학적 윤리학을 강의했다. 그는 이들 강의를 다음 학기에도 반복했으며 여기에다 해석학, 기독교 도덕론, 교회사, 신학주석 강의를 추가했다. 이 모든 일은 보통 사람이 할 수 없는 정열적인 노력의 산물이었다.

1805년 슐라이어마허는 단 3주 만에 『성탄 축제』를 집필한다. 이것은 그의 다양한 저술 가운데 유일하게 예술적 형식으로 씌어진 것으로서 플라톤의 대화편과 유사하다. 그는 베를린에서 시작한 플라톤 번역을 할레에서도 지속하고 있었지만, 『성탄 축제』는 플라톤의 영향으로 씌어졌음에 틀림없다. 이 책에서 슐라이어마허는 그가 한동안 심취했던 낭만주의적 글쓰기로 되돌아간다. 네 부분으로 나눌 수 있는 이 대화편에서 앞의 세 부분은 시적 문체와 이야기조의 문체로 꾸며져 있지만, 마지막 부분은 기독론(Christologie)에 대한 논증적인 대화로 구성되어 있다. 『성탄 축제』는 그 중심 주제에서 『기독교 신앙』이 말하는 감정과 감동의 신학을 선취하고 있으며, 보조

주제에서는 미학강의의 연관을 잘 드러내고 있다. 특히 예술적·종교적 자극, 축제, 음악미학, 예술종교 등에 대한 예술적 묘사는 미학강의의 내용과 잘 어울린다.

할레에서 행한 신학강의 가운데서 특별한 의미를 지니는 것은 『바울의 디모데전서』이다. 이는 1806/07년 겨울학기 강의를 위해 준비된 것으로서 전쟁으로 대학이 문을 닫는 바람에 강의로 이어지지는 못했지만 다음 해에 곧바로 출간되었다. 이것은 「가스(J. C. Gaß)에게 보내는 비판적 서한」인데, 여기서 슐라이어마허는 「디모데전서」의 비진정성(非眞正性)을 문제 삼고 있으며, 이른바 정경비판(Kanonkritik)과 함께 자신의 고유한 해석학 원리를 발전시키고 있다.[2] 이 글은 당시의 계몽주의 해석학을 수용하고 극복하는 슐라이어마허의 입장을 잘 보여주는 것으로, 신약성서의 권한과 의미는 그것이 갖는 정경적인 타당성에서 무조건적으로 도출될 수 있다기보다 신약성서 각 권에 대한 이해에서 획득되어야 한다는 것이다. 『해석학과 비평』에서 보여주듯이 슐라이어마허는 이해의 학문적 타당성을 문제 삼고 있으며, 이를 위해서는 텍스트들 간에 특별한 차이가 존재하지 않는다는 입장을 보여준다. 이 밖에도 슐라이어마허는 할레대학 시절 『종교론』을 개

---

2) H. Fischer, 35쪽 참조.

정하여 1806년에 출간했으며, 같은 해에 1801년에 처음으로 묶었던 『설교집』의 2판을 간행했다.

슐라이어마허는 1806년 2월 할레대학 신학부의 정교수가 되었으며, 그동안 정착되지 않았던 대학의 채플을 주관하는 설교자로 확고하게 자리잡는다. 그해 10월 나폴레옹의 진군으로 할레대학이 폐쇄된 뒤 점령군 치하의 고통스런 삶 가운데서도 연구에 몰두했지만, 그는 결국 1807년 12월 다시 베를린으로 돌아온다.

베를린대학 교수, 학술원 회원, 삼위일체 교회 설교자 (1807~1834)

베를린으로 돌아왔지만 슐라이어마허에게는 어떠한 일도 주어지지 않았다. 할레대학의 다른 교수들과 함께 새로 건립될 베를린대학으로 초빙받기로 예약되어 있었지만 모든 것은 계획에 불과했다. 이때 슐라이어마허는 대학의 교수가 아닌 개인 학자로서 사(私)강의를 개설한다. 1807년 슐라이어마허는 '고대 그리스철학사'를 강의했으며, 비슷한 상황에 있었던 피히테는 조금 뒤 '독일 국민에게 고함'을 강의하게 된다.

고통스러운 삶의 여건에서도 연구를 지속한 슐라이어마허는 1808년 여름 『에베소의 헤라클레이토스』를 출간한다. 여기서 그는 지속적인 운동 원리에 입각한 사변적 자연철학을 전개한다. 존재와 생성은 대립적인 운동의 일치에서 설명될 수 있다는 것이다. 같은 해에 두 번째 『설교집』을 내었으며, 베를린대학의 건립과 관련하여 『독일적 의미의 대학에 관한 단상』을 출간한다. 대학의 개혁을 역설하는 이 책은 대학의 과제를 '학문의 이념'과 '인식의 총체성'을 추구하는 데서 찾는다. 여기서 중요한 것은 '학습의 학습'이라는 학문의 방법적 원칙인데, 이것은 대학인이 개별적인 지식 영역으로 파고들 수 있는 능력을 갖춘 다음 모든 지식의 원리를 통찰하게 되는 과정을 지시한다. 더 나아가 슐라이어마허는 대학을, 강의에 중점을 두는 학교와 연구를 강조하는 아카데미(학술원)를 매개하는 기관으로 규정한다. 이러한 프로그램은 빌헬름 폰 훔볼트에 의해 수용되면서 슐라이어마허는 베를린대학의 중요한 설립자로 기여하게 된다. 그는 당시 내무부 장관으로 일했던 친구 알렉산더 도나 백작을 도와서 신학부는 물론 전체 대학을 조직하는 데 적극적인 영향을 끼쳤다. 1809년 7월 슐라이어마허는 아직 문을 열지 않은 베를린대학의 교수로 지명되었으며, 1810/11년 겨울학기에 학교가 문을 연 뒤에는 신학부의 초대 학장을 역임했다.

같은 해 슐라이어마허는 개혁파와 루터파의 통합교회인 삼위일체 교회의 설교자로 초빙된다. 이 교회에서 그는 생애를 마감하기 열흘 전까지 평생에 걸쳐 설교자로 봉직한다. 1809년은 슐라이어마허의 개인적인 삶에도 큰 변화가 있었다. 마흔이 넘도록 독신으로 지낸 그가 일찍 세상을 떠난 친구 목사의 아내와 결혼하게 된 것이다. 에렌프리트 폰 빌리히의 젊은 미망인 헨리에테 폰 빌리히(Henriette von Willich geb. von Mühlenfels, 1788~1840)는 이때 스무 살의 젊은 나이였지만 전 남편과의 사이에 두 아이를 두고 있었다. 이들 이외에도 슐라이어마허는 헨리에테와 결혼한 뒤 1남 3녀를 두었는데, 불행하게도 막내로 태어난 외동아들은 9살 때 죽게 된다.

다른 교수들과 구별되는 슐라이어마허의 경력은 베를린 왕립아카데미 회원으로서의 활동에서 잘 드러난다. 그는 1809년 삼위일체 교회의 설교자로 임명된 것에 이어 1810년에는 베를린 학술원의 철학분과 회원으로 선출되었다. 이후 그는 철학과 문헌학에 관련된 강연을 60회 이상 했으며, 너무 전문적이어서 실제 강연으로 이어지지 못한 원고도 적지 않게 남아 있다. 슐라이어마허는 학술원 강연에서 고대철학을 주제로 삼을 때가 많았는데, 이것은 학술원 철학분과의 성격을 철학체계에 대한 현재적 논쟁보다 전통철학에 대한 역사적·비판적 고찰에서 찾으려 한 그의 시각을 잘 드러낸다. 그는 1814년 학술원 철학분과장에 출마했으나 뜻을 이루지 못했으며, 1826년에는 철학분과 회원직을 사직하고 역사·문헌학 분과로

들어가 분과장으로 선출되었다. 슐라이어마허는 베를린 학술원 회원으로서 베를린대학의 신학부에서 뿐만 아니라 철학부에서도 강의할 수 있는 권한을 갖고 있었다. 변증법, 윤리학, 해석학, 국가론, 교육학, 심리학, 미학 등 다양한 분야를 다룬 그의 철학강의는 경쟁관계에 있던 피히테와 헤겔의 강의보다 학생들로부터 더 많은 호응을 얻었다.

1821년 슐라이어마허는 그의 대표작을 발표한다. 그것은 개신교 신학의 역사에 큰 획을 그은 『기독교 신앙』이다. 흔히 '신앙론'으로 불리는 이 책은 초기의 '종교론'과 더불어 그의 사상을 대변한다. 이 책은 탁월한 '통합 교의학'으로도 평가받는데, 1817년 프로이센에서 성취된 개혁교회와 루터교회의 통합을 '신앙론'이 학문적으로 정당화하고 있기 때문이다. 출간과 동시에 많은 논의와 비판이 뒤따랐으며, 저자는 「뤽케 박사에게 보내는 '신앙론'에 관한 공개서한」을 통해 비판에 대한 자신의 입장을 적극적으로 밝힌다. 이와 같은 논쟁을 겪은 후 슐라이어마허는 1831년 '신앙론' 개정판을 발표한다.

베를린대학 교수, 학술원 회원, 설교자로서의 활동 이외에도 슐라이어마허는 당시의 혼란한 정치적 상황에 적극적으로 관여했다. 할레 시절 나폴레옹 군대의 침략을 경험할 때부터 그에게는 애국심이 불타고 있었다. 그래서 그는 나폴레옹 지배에 맞섰던 사람들 및 프로이센개혁에 앞장선 사람들과 적극적으로 교류했으며, 심지어 지배체제 전복계획에 직접적으로 가담하기도 했다. 1808년에는 잔류하고 있던 프랑스 점령군에 맞서는 민중봉기의 준비 작업에 가담했으며, 같은 해 여름과 가을에는 쾨니히스베르크로 피신해 있는 프로이센 궁정을 여러 차례 방문해 밀사업무를 수행하기도 했다.

그의 개혁적 사고는 정치뿐 아니라 교육개혁의 시도로도 나타난다. 1810년 교육부를 책임지고 있던 훔볼트는 슐라이어마허를 공교육위원회 위원장으로 임명했다. 그해 말 추밀원 및 교육 분과 정회원이 된 그는 프로이센 교육개혁에 관한 평가서를 작성한다. 정치개혁과 교육개혁에 관련된 일련의 활동은 그의 설교에도 반영되어 있다. 나폴레옹 군대의 할레 점령 이후 행한 설교인 「공적인 불행의 이용에 대하여」(1806)나 1807년의 신년 설교 「우리가 두려워해야 할 것과 두려워하지 말아야 할 것」 등이 좋은 사례이다.

그러나 슐라이어마허의 개혁적인 사고는 현실정치에서 오해를 받게 되며 급기야는 프로이센의 왕과 그 주변 인물에 의해 정치적으로 위험한 인물로 낙인찍힌다. 출판인 친구 라이머가 지원하는 「프로이센 신문」의 공동편집자였던 슐라이어마허는 1813년 검열과 관련하여 정부와 갈등을 겪게 되며, 나폴레옹과의 성급한 평화협정 계획을 비판한 슐라이어마허의 사설은 교수직 박탈의 위협으로 이어졌다. 1817년의 바르트부르크 학생운동 이후 그는 경찰의 요주의 인물 명단에 오르기까지 한다.

슐라이어마허의 현실적인 어려움은 여기서 끝나지 않았다. 1819년에는 문인 코체부에(Kotzebue) 살해사건이 벌어졌는데, 범인은 베를린대학 신학부 학생이면서 극렬 대학노조원이었던 칼 잔트(K.L. Sand)였다. 이 사건 이후 정치적인 상황은 더 나빠졌으며, 이로 인해 경찰은 대학을 감시했고 선동자로 지목되는 교수는 책임을 져야 했다. 슐라이어마허의 신학부 동료 교수인 데 베테(M. L. de Wette)는 사형선고를 받은 잔트의 어머니에게 목사 입장에서 위로 편지를 보냈는데, 이것이 발각되어 데 베테는 곧바로 해직되었다. 해직을 결정하는 대학위원회에서 슐라이어마허는 범법행위를 옹호하는 것과 목회자적 위로는 구별되어야 한다는 주장을 편다. 여기서 헤겔과의 의견충돌이 일어났고 이 일은 그동안 잠복해 있던 이 둘의 대립관계를 극도로 악화시킨 계기가 되었다. 잔트 사건 이후 슐라이어마허는 해직 협박을 받았으며, 1823년에는 설교까지 감시당하는 어려움을 겪는다. 개혁사상가의 최대 수난은 강의실과 연구실에서가 아니라 구체적인 삶의 현장에서 일어났다.

슐라이어마허의 개혁운동은 정치에서 뿐 아니라 프로이센 교회에서도 전개되었다. 교회개혁에 관한 한 슐라이어마허는 부분적으로 정부의 지지를 받았지만 비판과 논쟁의 대상이 되기도 했다. 슐라이어마허는 교회개혁을 세 가지 방향에서 추진했는데, 그것은 상이한 고백을 가진 '개혁교회와 루터교회의 통합', '개신교 교회제도의 개혁', '예배개혁'이다. 교회의 통합을 추진하는 개혁은 정치적 통합을 지향하는 왕의 뜻과 일치했다. 1817년 10월 프로이센 왕의 주재 하에 베를린 교회 통합회의가 개최되었는데, 여기서 슐라이어마허는 좌장으로 선출되었다. 두 교회에서 따로따로 거행되던 성찬예식을 공동으로 갖기로 결정한 이 회의는 거의 300년 동안 지속되어 온 개신교회 사이의 논쟁을 끝내고 새로운 시대를 여는 계기가 되었다. 슐라이어마허의 교의학은 이러한 교회 통합에 이론적인 토대를 제공했다.

교회제도개혁이나 예배개혁을 위한 슐라이어마허의 노력은 국가의 교회정치 노선에 밀려 거의 뜻을 이루지 못했다. 슐라이어마허는 『종교론』 「넷째 강연」에서 제시한 바와 같이 젊은 목회자 시절부터 교회와 국가의 분리를 일관되게 강조해 왔다. 교회제도는 '위로부터' 아래로 내려오는 통치가 아니라 '아래로부터' 위로 올라가는 통치가 되어야 한다는 것이다. 국가에 대한 교회의 독자성을 강조하는 슐라이어마허는 위로부터 다스리는 교회국 제도나 감독 제도보다 민주적인 방식으로 이루어지는 교회회의 제도에 우선권을 부여한다. 그러나 이러한 자유주의적인 생각은 왕정복고의 시대에서는 통할 수 없었다. 슐라이어마허의 희망과 달리 당시의 교회는 국가의 영향을 강하게 받는 교회국의 원리에 따라 통제되었기 때문이다.

슐라이어마허에게 있어 예배의 개혁은 새롭게 자리잡아가는 통합교회를 위해 필수적이었다. 통합교회는 고백이 다를 때 사용되었던 예배와 교회조직의 기준을 그대로 유지할 수 없었기 때문이다. 그러나 프로이센 왕과 정부는 루터교의 예배식서를 통합교회에도 그대로 유지하려고 했으며, 이를 수용할 수 없었던 슐라이어마허는 왕과 격렬한 논쟁을 벌인다. 슐라이어마허가 익명으로 발표한 『개신교 군주의 예배식 권한에 대하여』(1824)와 『성서에 관한 두 개신교도의 대화: 루터를 프로이센의 새로운 예배식서와 관련하여 논함』(1827)은 이 논쟁 과정에서 나왔다. 슐라이어마허는 루터도 국가의 입장만을 대변하지 않았기 때문에 현실세계와 구별되는 영의 세계에 다가가기 위해 종교개혁은 지속되어야 한다고 주장한다. 그러나 슐라이어마허가 구상한 예배개혁은 끝내 받아들여지지 않았다.

슐라이어마허의 삶은 끝없이 피어오르는 불꽃과 같았다. 그에게는 항상 한 사람이 감당하기 어려운 다양한 일이 주어져 있었지만, 그는 이를 잘 이겨냈고 늘 새로운 일을 추진했다. 현실정치와 교회정치의 현장에서 첨예하게 대립되는 논쟁을 주도하면서도 그는 매주 삼위일체 교회의 교단을 지켰으며 견진성사수업을 진행했다. 재상을 지닌 비스마르크도 슐라이어마허에게 견진성사를 받았다고 전해진다. 또한 베를린대학 신학부와 철학부에서 책임시간 이상의 강의를 감당했으며, 학술원 회원으로서 이슈가 있을 때마다 심도 있는 연구결과를 내놓았다. 실천가에게서 쉽게 발견되는 연구의 결핍은 슐라이어마허와는 상관없었다. 오히려 그는 철학과 신학의 연구영역을 끊임없이 넓혀갔으며 이것에만 집중할 수 없는 시간의 부족을 한탄했다. '변증법', '윤리학', '해석학' 등 그가 남겨놓은 유고들은 오늘날의 독자에게도 미완의 기획을 완성하라는 요구로 다가온다. 바쁜 일정 가운데서도 그는 품위 있고 따뜻한 인간관계를 유지했으며 사람들과의 접촉을 꺼리지 않았다. 갑자기 발생한 폐렴으로 1834년 2월 12일 위대한 생애를 마감하기까지 그는 교회와 대학과 정치의 현장에 있었다. 마지막 설교를 끝내고 그로부터 열흘 후 그는 가족과 함께 성만찬 예식을 가진 뒤 영면한다. 1834년 2월 15일에 거행된 그의 장례행렬에는 3만여 명의 베를린 시민과 교인들이 참석하여 행동하는 지성이 가는 마지막 길을 슬픔으로 동반했다.

2. 초기 사상

『종교론』(1799)[3] - 직관과 감정으로서의 종교

『종교론』은 슐라이어마허의 초기 사상을 대표하는 작품이다. 더 나아가 이 책은 그의 중심 사상이 최초로 결정체화되어 있는 작품으로 평가된다. 독일어 원제를 직역할 경우 '종교에 대하여'로 옮겨질 수 있는 이 책은 분명히 '종교'에 대해 서술하고 있지만, 일반적으로 '종교란 무엇인가' 내지 '신앙이란 무엇인가'라는 설명적 관점에서 씌어진 책은 아니다. 이 책이 종교에 대한 일반적인 서술을 넘어선 것이라는 사실은 '종교를 멸시하는 교양인을 위한 강연'이라는 부제에 잘

---

[3] F. D. E. Schleiermacher, *Über die Religion. Reden an die Gebildeten unter ihren Verächtern*, Berlin, 1799(최신한 옮김, 『종교론』, 한들출판사, 1997: 대한기독교서회, 2002).

나타나 있다. 『종교론』은 철학사적, 신학사적 맥락에서 씌어졌다. 따라서 독자들은 여기서 '종교'와 '신앙'이라는 보편적인 사태가 역사적인 논의마당 가운데서 구체적으로 형태화되어 있는 모습을 발견할 수 있다. 이 책은 계몽주의의 종교철학을 대변하는 칸트의 『이성의 한계 내에서의 종교』에 맞설 뿐 아니라 당시 피히테가 휘말렸던 '무신론 논쟁'에 대한 슐라이어마허의 간접적인 입장 표명이기도 하다.[4]

부제에서 지시하듯이 이 책은 교양인을 향한 다섯 개의 강연으로 구성되어 있다. 『종교론』은 종교에 대한 무관심이나 무신론에 맞서서 종교를 변증할 뿐 아니라(첫째 강연), '종교의 본질'을 적극적으로 규명하고(둘째 강연), 이러한 토대 위에서 종교의 형성 가능성과 종교 교육에 대해 밝히며(셋째 강연), 더 나아가 종교적으로 도야된 사람들 간의 상호전달에서 종교 공동체가 가능함을 논한 다음(넷째 강연), 종교가 역사 속에 어떻게 등장하며 이 가운데서 기독교는 어떠한 위치를 점하는지(다섯째 강연)를 밝힌다. 따라서 이 강연을 들어야 하는 사람은 단순히 종교에 관심이 없는 사람이나 무신론자에 국한되지 않으며, 무한한 세계와 관계하는 철학자, 종교 공동체를 대변하는 성직자, 종교의 이름으로 종교를 불명예스럽게

---

4) K. Nowak, *Schleiermacher Leben, Werk und Wirkung*, Göttingen, 2001, 97쪽 이하 참조; H. Fischer, 51쪽 참조.

하거나 아예 종교와 무관한 문인에 이르기까지 그 범위는 상당히 넓다.

1798년 가을에서 1799년 봄 사이의 몇 달 동안 쓰어진 이 책은 감동과 탄식을 자아내는 강연장과 같은 긴박한 분위기에서 탄생되었다. 특히 책의 주요 부분은 슐라이어마허가 궁정설교자의 대리로 포츠담(Potsdam)에 머물렀던 1799년 2월에서 4월 사이에 그야말로 단숨에 작성되었다. 『종교론』이 담고 있는 심오한 내용을 떠올린다면 이런 짧은 시간 안에 이루어진 집필은 그 자체가 하나의 사건이다. 그것은 냉철한 이성과 논리의 작업이라기보다 정신과 내면성의 충동이 일필휘지(一筆揮之)로 만들어낸 작품임에 틀림없다. 그러나 내면의 충동을 구체화하는 일은 언제나 그렇듯이 현실의 높은 장벽과 부딪힐 수밖에 없다. 이것은 『종교론』에 대한 검열과 익명의 출판이라는 일련의 사태에서 잘 드러난다. 슐라이어마허가 책을 익명으로 낸 것에는 초기 낭만주의 모임의 철학적 요구와 문학적 긴장의 정도를 높이려는 의도, 그리고 저자가 강단설교자가 아니라는 사실 등 여러 가지 이유가 있을 수 있지만 무엇보다 검열이라는 공적인 시선이 가장 큰 이유를 제공한 것으로 보인다.[5] 그러나 이러한 현실적 고통은 역사적으로 현

---

5) Nowak, 같은 책, 99쪽 참조.

상한 수많은 실정종교에 대한 중립적이고 메타적인 분석 대신 종교적 사실의 새로운 일어남(生起)에 주목하는 『종교론』이 치를 수밖에 없는 당연한 대가이다.

기존의 종교 이해에 대한 비판과 대안 제시는 이 책의 「첫째 강연」에서부터 나타난다. 이 강연은 신학적, 철학적으로 이론화되고 제도화된 종교에 맞서서 종교의 근본적 사실이 심정의 심연에 있음을 변증하는 일에 바쳐진다. 슐라이어마허가 볼 때 계몽주의적 사유는 현실국가와 예술과 학문에 집중하면서 사람들을 "신적으로 사로잡고 감화시키는 억제할 수 없는 내적 필연성"[6]을 상실했다. 계몽주의적 사유에는 "세계 저편에 있는 영원하고 거룩한 존재를 위한 어떠한 것도 남아 있지 않기"(16) 때문에 이러한 사유의 영향 하에 있는 종교는 속된 관점을 넘어서지 못한다. 속된 관점은 그 자체가 유한적 관점이며, 유한적 관점에서 파악된 무한자는 진정한 무한자가 아니다. 슐라이어마허는 종교를 계몽주의적인 세속적 관점에서 해방시키려고 한다. 그가 보기에 종교는 계몽적 사유와 행위의 차원에 구속되지 않으며 이러한 속된 관점을 넘어서 심정의 심연에 자리하고 있다. 그러나 계몽주의에서처럼 종교가 사유와 행위의 차원에 묶이면 종교는 "이성적인 그리스도교

---

6) Schleiermacher, 『종교론』, 기독교서회, 2002, 17쪽. 이하 이 책의 인용은 쪽수를 본문에 직접 표기함.

로 일컬어지는 잘못 봉합된 형이상학과 도덕의 조각"(33)에 지나지 않게 된다. 「첫째 강연」에서 수행되는 종교 변증은 결국 형이상학과 도덕에 의존하지 않는 종교의 독자성과 고유성을 강변하는 데 바쳐진다.

종교는 인생의 이상을 성취한 것으로 자부하는 교양인들에게는 더 이상 필요치 않은 것이며 오로지 삶의 꿈을 잃어버린 무능한 자에게 위로의 수단으로서만 필요한 것인가? '종교를 멸시하는 교양인'은 당연히 이렇게 생각한다. 교양인에게는 계몽주의적 사유야말로 모든 것을 성취할 수 있는 도구이기 때문이다. 슐라이어마허의 시선에는 이것이 바로 감각적인 것과 유용성에 집착하는 영국 경험론의 한계이며 세계의 영원한 법칙을 무시하면서 프랑스혁명까지도 경박하게 바라보는 프랑스적 사유의 한계이다.(26 이하) 종교는 경험론이 만들어낸 성스러운 헌법조항을 넘어서며 경외와 경배에 대한 무관심을 초월한다. 종교는 이론도 아니고 실천도 아닌 제3의 영역에 있다. 따라서 계몽주의적 교양인이 오히려 무한한 세계를 상실하고 있다는 사실이 역설적으로 드러난다.

「둘째 강연」은 「첫째 강연」의 주장을 토대로 하여 '종교의 본질'을 규정한다. 슐라이어마허에게 있어 종교의 본질은 '우주에 대한 직관과 감정'이다. 슐라이어마허가 독특하게 사용하는 개념인 '우주'는 우선 세계와 자연으로 이해되며 더 나아가 인간성과 이것이 산출하는 역사로도 이해된다. 그러나 우주와 종교의 연관에서 가장 중요한 것은 무한자인 우주가 유한자인 인간 가운데 계시되는 일이며 이러한 계시를 종교적 직관과 체험으로 간주하는 일이다. "실천은 예술이요 사변은 학문이며 종교는 무한자에 대한 느낌과 맛봄(취향)"(58)인 것이다. 무한자가 유한자 가운데 자신을 계시하며 현상하는 것이 종교이며, 유한한 인간이 자기 가운데 무한자를 소유하는 것이 종교이다. 이러한 계시와 소유는 오로지 직관과 감정을 통해 이루어진다.

종교의 대상을 '우주'로 간주하고 그 본질을 직관과 감정으로 규정하는 것은 철학사와 신학사에서 슐라이어마허가 차지하는 고유한 위치를 결정짓는다. 형이상학과 도덕에 대해 종교의 독자성을 옹호하는 「첫째 강연」의 주장은 이제 사유와 의지에 대해 직관과 감정의 독자성을 주장하는 것으로 나타난다. 이것은 사유의 제한성을 의지(도덕)로 극복하려는 칸트의 도덕신학이나 (오성적) 사유(이론)와 의지(실천)의 이분법을 (이성적) 사유를 통해 극복하려는 헤겔의 사변철학과 구별된다. 슐라이어마허는 사유와 의지와 직관을 어느 하나의 능력으로 수렴하지 않고 이들 능력의 독자성을 인정한다. 투박하게 말한다면, 사유는 형이상학의 능력으로, 의지는 도덕의 능력으로, 종교는 직관의 능력으로 분류된다. 그러나 좀더 세밀하게 살펴보면 형이상학과 도덕은 사유와 의지의 자발성이라는 공통분모에 기인하는 반면, 종교는 직관과 감정의 수동성과 수용성에 토대를 둔다. 그러나 슐라이어마허는 각 능력의 독자성을 강조하면서도 직관과 감정을 사유와 의지의 토대로 간주하려는 경향을 보인다. "이론적인 것과 실천적인 것 사이의 아주 훌륭한 평행과 균형이 있을 수 있다. 바로 이러한 균형을 지각하고 서술하는 것이 종교가 아닐까?"(52) 지식과 행위의 근거가 신앙이라는 이러한 사유는 『종교론』뿐 아니라 『변증법』과 『기독교 신앙』에도 나타난다.

종교적 직관의 특징은 수동성과 수용성에 있다. "종교는 우주를 직관하려 하며 우주의 고유한 서술과 행위 속에서 그에게 경건히 귀 기울여 들으려 하고, 스스로 어린아이의 수동성으로 우주의 직접적인 영향에 사로잡히고 충만하게 채워질 수 있으려고 한다."(56) "모든 직관은 직관되는 존재가 직관하는 존재에 끼치는 영향으로부터 출발하며, 직관하는 존재의 본성에 따라 받아들여지고 종합되며 파악되는, 직관되는 존재의 근원적이고 독립적인 행위로부터 출발한다."(60) 사유와 의지의 특징이 자발성에 있다면 직관의 특징은 수동성과 수용성에 있는 것이다. 여기서 주관성 철학과 주관성 신학의 교차점이 발견되며 주관성 사유의 양면성이 드러난다. 모든 것

2. 초기 사상 39

을 사유를 중심으로 재구성하려는 데서 주관성 철학이 성립된다면, 사유의 자발성에 앞서 직관되는 존재와의 만남을 강조하는 데서 주관성 신학이 성립된다. 주관성 사유의 이론적 지향점은 모든 것을 사유의 산물로 파악하는 절대적 관념론이라면, 주관성 사유의 토대는 직관하는 자에게 영향 끼치는 존재를 중시하는 '고차적인 실재론'이다. 슐라이어마허는 종교를 직관의 수동성으로 파악하지 않고 사유나 의지의 자발성으로 잘못 파악할 경우 빠질 수 있는 오류를 경고한다. 인간 능력의 자발성과 수동성을 섬세하게 구별하지 못할 경우 종교는 신화나 미신으로 간주될 수 있다는 것이다. 수동적인 직관의 산물을 이론의 테두리 안에서 적극적으로 기술할 경우 종교 대신 신화가 안출되며, 직관의 내용을 적극적으로 행동으로 옮길 경우 미신이 발생한다. 종교를 신화나 미신과 구별할 수 있는 기준은, 전자는 직관의 수동성에 토대를 두며 후자는 사유나 의지의 자발성에 토대를 둔다는 사실에 있다.

직관으로서의 종교는 항상 '개별적인 것', '구별된 것', '직접적인 것'으로 나타나며, '보편적인 것', '매개된 것', '체계적인 것'과 맞선다. 직관으로서의 종교에서는 개인이 독자적으로 우주와 하나가 되며 무한자에게 사로잡히는 순간적 체험이 중요하기 때문에 직관 자체가 항상 개별적이며 고유하고 독특한 모습으로 나타난다. 우주는 직관될 때마다 직관하는 개인에게 상이한 모습으로 나타나며, 우주는 직관의 순간 비결정과 혼돈의 상태로부터 새로운 규정과 질서의 상태로 이행한다. 직관할 때마다 등장하는 새로운 규정과 질서는 그 자체가 완결된 전체로서 독자성을 지니며 다른 직관에 대해 자기만의 고유한 권리를 갖는다. 이런 점에서 직관은 다양하고 무한하다. 직관은 그것이 소유하는 자립적 개별성 때문에 그 자체가 무한한 것이다. 따라서 "종교는 연역이나 결합에 대해서는 아무것도 알지 못한다."(62) 연역이나 결합은 직관의 일이 아니라 사유의 일이기 때문이다. 연역과 결합은 보편적인 것을 산출하고 체계를 만들어낸다. 체계를 중시하는 종교는 개별적인 체험의 고유성을 무시한다. 여기서는 개별적인 체험보다 보편적인 교리가 관건이다. 슐라이어마허가 체계로서의 종교를 비판하고 직관으로서의 종교를 중시하는 것은 체계로서의 종교가 집착하는 보편적인 교리는 아예 종교적 직관과 무관하거나 이에 대한 반성적 사유의 산물이기 때문이다.

종교적 직관과 감정의 관계는 동전의 앞뒤와 같다. "감정은 직관과 내적으로 결합되어 있을 뿐 아니라 필경 직관에서 생겨나고 이로부터 설명될 수 있다."(100) 이 둘은 근원적으로 결합되어있는 사태이므로 실제로는 구별될 수 없지만 이에 대한 이차적인 반성은 이 둘을 구별할 수 있다. 직관과 감정은 그 자체가 수동적이지만, 직관은 수동성 가운데서 좀더 능동적이라면 감정은 수동성 가운데서 좀더 수동적이다.[7] 직관이 유한자를 향한 무한자의 행위로서 무한자를 향해 개방되는 측면이 강하다면, 감정은 무한자에게 개방된 직관이 심정 가운데 남기는 흔적이다. 잘 알려진 바와 같이 『종교론』에서의 직관은 『기독교 신앙』에서 '절대의존감정'으로 바뀐다. 직관에 대한 당시 철학계의 비판이 이러한 선택을 요구한 것이다. 이런 맥락에서 보더라도 직관과 감정은 슐라이어마허에게서 서로 분리될 수 없는 주요 개념이다.

계몽주의를 비판하는 슐라이어마허가 종교의 '본질'에 대해 언급하는 것은 언뜻 보기에 그가 본질적인 것을 강조하는 계몽주의를 추종하는 것처럼 보일 수 있다. 그러나 그가 제시하는 종교의 본질은 계몽주의가 내놓은 종교의 핵심 개념과는 분명하게 구별된다. 슐라이어마허는 계몽주의적인 종교 담론에서 반드시 등장하게 마련인 '신'과 '영혼불멸성'을 중요하게 취급하지 않으며 이에 대한 언급도 전통적인 맥락에서 완전히 벗어나 있다. 그가 이 두 개념을 천착하지 않은 것은 무신론논쟁에 휘말린 당시의 피히테를 염두에 둔 때문이라는 추측이 가능할 수 있지만, 그보다 중요한 것은 종교의 본질을 직관과 감정으로 규정하는 그의 일관된 주장을 이해하는 일

---

[7] M. Riemer, *Bildung und Christentum. Der Bildungsgedanke Schleiermachers*, Göttingen, 1989, 93쪽 이하 참조.

이다. "종교를 갖는다는 것은 우주를 직관하는 것"(113)이므로, 슐라이어마허로서는 "신이 하나의 개별적인 종교적 직관 방식 이상의 것일 수 없다."(111) 따라서 직관을 강조하는 입장에서 볼 때 아무런 내면의 감동을 가져다주지 못하는 신 개념은 심지어 종교와도 무관할 수 있다. 바로 이런 맥락에서 슐라이어마허는 "신 없는 종교가 신 있는 종교보다 더 나을 수 있다"(113)고 주장하기까지 한다.

이와 같은 주관성 신학의 진면모는 다음의 주장에 잘 나타나 있다. "인간이 자신의 직관 가운데 신을 소유하는지에 대한 여부는 그의 상상력의 방향에 달려 있다. …… 상상력이야말로 인간 가운데 있는 최고의 것이자 가장 근원적인 것이며, 이 이외의 것은 모두 이것에 대한 반성에 지나지 않는다."(115) 그러나 이러한 주장이 신을 상상력의 산물로 강등시키는 인간 중심주의로 오해되어서는 안 된다. 실상은 오히려 이와 정반대이다. 이른바 신 중심적 신학은 신 개념과 보편적 교리를 앞세우면서 인간이 다만 수동적으로 접촉할 수 있는 것 이상의 것을 적극적으로 주장하며, 신과 교리의 보편성을 지킨다는 미명하에 개인적인 체험을 신학과 철학에서 몰아낸다. 그러나 개인적인 감동이 배제된 신 개념은 신앙과 무관할 수 있으며 심지어 신 존재와 어떠한 관계도 없을 수 있다. 따라서 교리적 개념을 강조하는 종교는 직관과 상상력을 강조하는 종교보다 더 자의적이며, 그렇기 때문에 후자보다 더 큰 오류와 오만에 빠질 수 있다. 직관으로서의 종교는 직관 가운데 근원적으로 주어지는 내용을 겸손하게 수동적으로 받아들이지만, 교리로서의 종교는 인간이 범접할 수 없는 내용을 자의적으로 구성하고 고착화하기 때문이다.

「셋째 강연」은 '종교의 형성'에 대해 다룬다. 인간은 '종교의 맹아와 소질'을 타고나며, 진정한 종교는 이를 제대로 계발할 때 형성된다. "인간의 감각이 강압적으로 억압되지만 않는다면, 그리고 종교의 요소로 인정된 이 감각과 우주 간의 모든 공동성이 방해되고 차단되지 않는다면 종교의 소질은 틀림없이 모든 사람의 독자적인 방식으로 전개될 것이다."(126 이하) 슐라이어마허는 '종교의 소질'을 통한 '종교의 형성'이라는 주제를 가지고 계몽주의의 세례를 받은 당시의 비종교성을 비판한다. 인간은 누구나 내면 가운데 '종교의 잠자는 불꽃'을 간직하고 있는데, 이 불꽃은 계몽주의 교육이라는 시대의 장애로 인해 타오르지 못했으며 결과적으로 비종교성으로 전락했다는 것이다.

슐라이어마허는 계몽주의 교육의 요체를 "이해의 광기"(127)로 규정하면서 이를 신랄하게 비판한다. 직관으로서의 종교가 종교성의 개성적인 일어남(生起)을 중시한다면, 계몽주의적 종교는 동일한 교리의 전수와 암기와 재현을 중시한다. 전자에서는 내면의 새로운 형성이 있는 반면, 후자에서는 동일한 교리의 반복이 있을 뿐이다. 이미 형성되어 있는 것의 반복과 재현을 교육으로 간주하는 것은 존재와의 직접적인 접촉에 유연한 감각을 무시하고 천편일률적인 이해를 중시하는 기계론적 교육의 광기이다. 내면의 새로운 형성은 새로운 종교를 형성할 수 있지만, 동일한 교리를 전달하고 이에 대한 이해를 강요하는 것은 기존 종교의 지속에 봉사하거나 비종교성으로 퇴조할 따름이다.

슐라이어마허는 비종교성의 장애를 뚫고 종교로 나아갈 수 있는 길을 '감각의 해방'에서 찾는다. 낭만주의 친구들과 슐라이어마허의 친화성은 예술감각과 종교감각을 둘러싸고 가장 잘 드러난다. 프리드리히 슐레겔은 이런 맥락에서「셋째 강연」을 아주 반긴다.[8] 직관과 감정으로서의 종교에서는 우주와의 직접적인 접촉이 관건이지만, 이해를 강조하는 교육은 우주와 접촉하는 감각을 억제하고 배제한다. 감각은 그에게 주어지는 존재 전체의 인상을 파악하지만, 이해는 그 존재를 분석하여 그것의 원인과 목적을 밝히려고 한다. 전자에서는 감각에 주어지는 존재가 영향을 끼치는 반면, 후자에서는 존

---

[8] G. Meckenstock, "Einleitung" zur Schleiermachers '*Über die Religion*', Berlin/New York, 1999, 5쪽 참조.

재 자체가 이해행위에 의해 나눠지고 해부된다. 결국 종교의 형성은 감각이 이를 억제하는 이해로부터 해방됨으로써 이루어질 수 있다. 이것은 종교의 본질을 직관과 감정으로 규정하는 이론의 필연적인 귀결이다. 진정한 종교는 감각이 이해에서 해방되어 직관과 상상력을 통해 우주를 향해 개방될 때 형성될 수 있다. 반면에 감각의 길을 막고 모든 것을 분석적으로 바라보는 이해는 사람들의 시각을 유한한 세계와 산업사회와 시민생활에 묶어 놓는다. 우주에 대한 감각은 새로운 인간성을 창출하는 반면, 감각을 억제하는 이해는 기존의 인간성마저 손상시키는 것이다.

「넷째 강연」은 '종교 내적 교제'와 '교회와 성직'에 대해서 다룬다. 이것은 내면에 주어져 있는 종교적 성향을 도야한 사람들이 나아가야 할 그 다음 단계이다. 종교적으로 도야된 개인은 자신의 새로운 형성으로 만족하지 않고 이를 다른 사람에게 전달한다. 슐라이어마허는 이러한 전달을 도야된 종교인의 본성으로 간주한다. "인간의 속성은 교제적이고 사교적인데, 이는 종교적인 것에서 두드러지게 나타난다. 인간이 내적으로 산출하고 완성해 놓은 것을 자기 안에 가두어 놓는다면, 이것이야말로 가장 부자연스런 것이다."(153) 여기서 개인적 종교성의 상호전달 내지 교제가 이루어지며, 이러한 교제는 실질적으로 종교 공동체를 가능하게 한다. 직관과 감정을 종교의 본질로 간주하는 이론이 직관과 감정의 상호전달에서 종교 공동체의 원리를 찾는 것은 수미일관하다. 공동체 구성의 원리를 자연적 관계나 계약이나 인정투쟁에서가 아니라, 개인적으로 도야된 종교성의 상호전달과 교제에서 찾는 것은 내면의 실질적인 형성을 중시하는 이론이 보여주는 일관성임에 틀림없다. 교제는 공동체를 구성하는 형이상학적 원리가 아니라 현장 속에서 작동하는 실질적이고 문화적인 원리이다. 이러한 맥락에서 교제는 우선 종교 공동체의 구성원리를 지시하지만, 이는 새로운 공동체이론의 원리로 해석될 수 있는 가능성을 충분히 갖는다.

교회 공동체가 종교적 체험의 상호전달을 통해 형성된다면 교회 공동체를 구성하는 대표적인 요소인 성직자와 평신도 간의 관계도 전통적인 경우와 전혀 다르게 이해될 수 있다. 일반적으로 발생할 수 있는 성직자와 평신도의 대립은 "사람과 인격의 구별이 아니다. 이것은 오히려 상황과 직무의 구별에 지나지 않는다." 성직자와 평신도는 교회법과 제도에 의거하여 구별되는 것이 아니라 종교적 직관능력과 전달능력에 의해 구별된다. "만인은 그가 특별히 자신의 것으로 삼은 영역과 자신을 대가로 표현할 수 있는 영역으로 다른 사람을 끌어옴으로써 성직자가 된다. 그는 또 자신이 종교의 이방인인 곳에 이를 때까지 다른 사람의 예술과 지혜를 추종함으로써 평신도가 된다."(158 이하) 종교적 직관과 종교적 도야를 이룬 사람은 모두 성직자가 될 수 있으며 다른 사람을 성직자로 받아들일 수 있다. 종교개혁자가 말하는 '만인제사장설'은 슐라이어마허의 이러한 주장에서 다시 확인된다. 종교 공동체는 현실의 '정치적 유대'를 넘어서는 '천상의 유대'를 소유하므로 그 자체가 '완전한 공화국'이다. "여기서는 만인이 지도자이며 국민이다."(159)

이와 같은 슐라이어마허의 공동체 비전은 당연히 현실 교회에 대한 비판을 수반한다. 사회적인 위계질서를 가진 대형 교회, 국가에 매수된 교회, 시민단체와 같은 교회 등은 진정한 교제를 통해 형성된 교회가 아니다. 이러한 공동체에 맞서 슐라이어마허는 '진정한 교회'를 추구하며 이를 위한 조건에 천착한다. 진정한 교회는 '성직자들의 대학'이며 '친구들의 합창'이고 '형제의 연합'이다. 참된 교회는 진정한 종교적 심정을 소유한 사람들의 유기적인 모임인데, 이를테면 신의 이름으로 모인 곳에 신이 함께 할 것이라는 복음서의 내용(마 18:20)을 구현한 "성직자들의 대학"(193)이 그것이다. "이들이 명상과 직관, 감동과 느낌의 성숙한 결실을 기쁜 마음으로 가져올 때, 무한자에 대한 칭송과 인식은 모든 근원으로부터 온갖 방식으로 퍼진다. 이들은 서로 친구들의 합창이다." 더 나아가 이들은 우주에 좀더 가까워진 자신을 다른 사람에게 더 많이 전달함으로써 "형제의 연합과 결속"(194)을 만들어낸다. 여기서 교회 공동체의 전체성과 일치성(Ökumenizität)이 형성된다.

이런 진정한 공동체와 공동체의 전체(Ökumene)는 분명 이상적인 것이다. 슐라이어마허도 「넷째 강연」이 이러한 공동체의 이상을 근거 짓는 충분한 이론이 아님을 인정한다. "교회는 원래 그 가운데 인간적인 것이 존재하는 최고의 것이어야 한다. 그러나 나는 이를 좀더 천착할 생각이다."[9] 그는 이러한 공동체의 모델을 헤른후트적 교회에서 찾는다. 헤른후트적 교회는 교회와 국가의 분리를 엄격하게 지킬 뿐 아니라 교회 자체가 늘 새로운 교제의 토대 위에 서려고 하기 때문이다. "여기에는 정신과 영의 동요가 있으며, 각자가 모든 사람과 진정으로 하나가 된 통일성의 감정과 완전한 동등성의 감정이 있고, 모든 먼저 됨과 나중 됨 및 모든 현세적 질서의 공동적 파괴가 있다."(157) 결국 진정한 교회는 세상과 무관하게 무한자와 수직적으로 관계하여 새롭게 형성된 개인과 이러한 개인과 개인의 수평적 유대 없이는 불가능하다.

「다섯째 강연」은 역사 속에 등장한 '여러 종교들'을 분석하며 이 가운데서 기독교가 차지하는 위상을 밝힌다. 실정종교

---

9) 슐라이어마허가 포츠담에서 Henriette Herz에게 보낸 편지(1799. 4. 4-5), KGA V/3, Nr. 610쪽(Nowak, 같은 책, 108쪽에서 재인용).

2. 초기 사상 49

에 대한 분석의 잣대는 당연히 직관과 감정이다. 종교의 본질이 직관과 감정에 있다면 그 역사적 현상도 직관과 감정의 개별화와 무관하게 이루어지지 않기 때문이다. "인간은 유한하고 종교는 무한하기 때문에 누구도 종교를 전적으로 소유할 수 없다."(201) 그러나 종교는 우주를 직관하는 사람들에 의해 세분화될 수 있으며, 이를 통해 서로 구별되는 다양한 현상들로 조직화된다. 이런 맥락에서 슐라이어마허는 "종교의 다수성과 그 규정적 다양성을 필연적이고 불가피한 것으로 전제"(200)한다. 종교는 "개별화의 원리"(202)를 소유하고 있는 것이다. 직관을 통해 개별화된 종교 혹은 그때마다 역사 가운데 규정적으로 나타난 종교 현상은 실정종교(positive Religion)로 불린다. 따라서 실정종교의 근원성과 실정성(Positivität)을 배제하고 종교를 거론할 수 없다. 이런 관점에서 슐라이어마허는 자연종교(natürliche Religion)를 비판한다.

자연종교는 의례법전과 신학체계에서 확인되듯이 직관의 산물이라기보다 반성의 산물이다. 자연종교는 신 존재 증명에서 볼 수 있듯이 도덕 및 형이상학과 혼합된 이론적인 것이며 체계적인 것이다. 그러나 이론과 체계는 반성의 매개를 거쳤다는 점에서 직관이 갖는 새로움과 근원성을 상실한 것이며, 따라서 직관으로부터 파생된 것에 지나지 않는다. 자연종교는 직관에서 파생된 것이라는 점에서 실정종교에 비해 생동성이

떨어지며 심지어 종교의 본래적인 특성과는 아예 무관한 것이 될 수도 있다. 더 나아가 자연종교에서는 실정종교가 추구하는 종교적 자유가 근본적으로 사라진다. 종교적 자유는 종교적 직관의 고유성과 다양성이 허용될 때마다 새롭게 획득되기 때문이다. 그러므로 실정종교를 옹호하고 자연종교를 비판하는 것은 누구에게나 동일하게 요구되는 교리보다 개인적인 종교적 체험과 새로움의 경험을 중시하는 입장이 채택할 수밖에 없는 중요한 일관성이다. 이러한 입장은 종교가 형이상학이나 도덕에 대해 독자성을 갖는다는 「첫째 강연」과 「둘째 강연」의 주장과 일맥상통한다. 슐라이어마허가 말하는 자연종교는 전통 형이상학의 한 분과인 자연신학(theologia naturalis)과 동일시될 수 있다.

「다섯째 강연」은 자연종교에 대해 실정종교를 옹호한 다음, 실정종교 가운데서 대표적으로 유대교와 기독교를 분석한다. 『기독교 신앙』이나 헤겔의 『종교철학』에서와 달리 슐라이어마허는 역사 속에 등장한 여러 종교들을 체계적으로 분석하는 대신 여기서는 이 두 종교만을 다루며, 특히 기독교의 위상을 강조한다. 슐라이어마허는 각 종교에 깃들어 있는 근본직관을 중시하며 이를 아예 각 종교 자체와 동일시한다. "종교의 근본직관은 유한자 가운데서 무한자를 직관하는 것 이상일 수 없다."(232) 이런 점에서 유대교의 근본직관은 "심판의 이념이며 자의적으로 행동하는 모든 개별자에 대한 무한자의 고유한 반응이라는 이념"(235)이다. 이에 대해 기독교의 근본직관은 (유대교보다) "훌륭하고 숭고하며 어린이의 상태를 벗어난 성인에게 보다 가치가 있으며 체계적인 종교정신에 보다 깊이 파고들고 전 우주에 보다 넓게 확산된다. 이 직관은 전체의 통일성에 맞서는 모든 유한자의 일반적인 저항에 대한 직관이며, 신이 이러한 저항을 다루는 방식에 대한 직관이고, 신에 대한 적대를 화해하는 방식에 대한 직관이다."(238) 요약하면 유대교의 근본직관은 심판의 이념인 반면 기독교의 그것은 화해의 이념이다. 파멸과 구원, 적대와 화해는 기독교적 이념의 두 측면이며, 이를 통일하기 위해 '중보자'가 세워진다. "신은 자신과 인간 사이에 더욱 숭고한 중보자를 세우고 나중에 오는 모든 사자 가운데서 자신과 인간을 더욱 내적으로 통일하며, 이로써 바로 이 신성과 인간성을 통해 영원한 존재를 알 수 있게 한다."(239)

슐라이어마허는 기독교를 "종교와 종교사 가운데서 우주를 가장 많이 가장 아름답게 본 종교"(239)로 규정한다. 기독교가 최고의 종교라는 주장이다. 기독교는 종교 자체를 종교를 위한 소재로 변형하고 조작할 줄 알며 무종교성에 대해 철저하게 논쟁적이기 때문이며, 제약된 감각과 욕망에 빠져 있는 세속적인 삶을 경멸하고 이를 성스러운 세계로 이끄는 이념을 중시하기 때문이다. 또한 기독교는 논쟁의 힘을 바깥으로만 향하게 하지 않고 자기 자신에게 향하게 함으로써 항상 자기갱신을 도모한다. 그리스도는 이러한 이념을 제시했을 뿐 아니라 현실을 향해 구체적인 논쟁의 모범을 보여준다. 이런 점에서 그리스도는 중보와 화해와 구속으로 요약되는 기독교의 근본직관을 제시하고 이를 현실 가운데 구현한 중보자 중의 중보자이다. 슐라이어마허에게 중요한 것은 그리스도가 이러한 기독교의 이념을 심정 가운데서 가장 청명하게 직관했다는 사실에 있다. 그에게 그리스도는 최고봉에 선 종교적 직관의 거장(Virtuose)이다.

『종교론』은 종교철학은 물론이고 개신교 신학의 논의에 새로운 이정표를 제시한 작품으로 평가된다. 칸트가 시도한 '학문으로서의 형이상학' 프로그램과 이것의 영향 하에 있는 종교철학적 시도는 전승된 기독교에 그렇게 우호적인 것이 아니다. 슐라이어마허는 이러한 시대조류에 맞서서 종교를 형이상학이나 도덕과 확연히 구별되는 독자적 영역으로 규정한다. 종교가 형이상학과 도덕에 필적할 뿐 아니라 오히려 이를 능가하는 독자성과 근원성을 갖는다는 주장은 슐라이어마허 이전과 이후의 종교 담론을 확연히 구별한다. '종교를 멸시하는 교양인을 위한 강연'의 수신자들은 형이상학이나 도덕과 구별되는 종교의 고유한 영역을 소개받음으로써 더 이상 종교를 이와 관련된 영역에서 설명할 수 없게 되고, 따라서 종교를 더 이상 계몽의 대상으로 삼을 수 없게 된다. 이들은 오히려 『종교론』을 통해 인간의 자기도야(Selbstbildung) 가능성을 배우며 계몽과 전혀 다른 정신세계를 접할 수 있게 된다. 자기도야는 이제 종교의 집으로 들어가는 새로운 뜰이다. 이런 점에서 이 책은 철학사적으로 볼 때 계몽주의가 낭만주의로 이행하는 하나의 계기를 지시하며 신학사적으로는 근대 신학의 출발점을 형성한다.

『종교론』은 종교개혁자들의 사상을 변화된 시대조건 속에서 새롭게 부각시켰다는 점에서 개신교 신학의 획기적인 전기를 이룬다. '말씀'과 '경건'으로 요약되는 개신교적 정신이 계몽주의의 영향 속에서 주로 교리를 강조하는 경향을 보인다면, 여기서는 신앙인에게 비밀스럽게 개방되는 새로운 내면의 세계가 신앙에서 무시되거나 심지어 추방되기까지 한다. 슐라이어마허의 사상이 정통주의와 경건주의의 새로운 종합이라는 틸리히의 평가[10]에서 보이는 바와 같이 『종교론』은 이성과 교리에 포위당한 당시의 신학을 '주관성의 신학'이라는 이름으로 구해낸다. 말씀과 교리는 내면성의 감동과 새로

---

10) P. Tillich. 송기득 옮김, 『19~20세기 프로테스탄트 사상사』, 한국신학연구소, 1982, 113쪽 이하 참조.

운 체험 없이는 생겨날 수 없을 뿐 아니라, 기존의 신앙도 감동이 수반되지 않고는 공허할 수밖에 없다는 것이 주관성 신학의 중요한 입장이다. 슐라이어마허는 특히 칸트에 의해 정립된 주관성 철학의 영향 속에서 성장하지만 칸트와는 다른 길을 간다는 점에서 철학사적으로도 큰 의미를 지닌다. 도덕신학의 길을 간 칸트와 달리 그는 종교를 형이상학 및 도덕과 명확하게 구별하고 그 독자성을 마련하기 때문이다. 종교의 독자성은 사고와 의지에 대한 직관과 감정의 독자성과 다르지 않다.

그러나 슐라이어마허의 이러한 주장에 가볍지 않은 비판이 수반된다. 종교가 과연 형이상학 및 도덕과 전적으로 무관할 수 있으며 우주에 대한 직관을 종교로 간주하는 이론이 과연 범신론의 혐의를 완전히 벗어날 수 있는가 하는 것이다. 이러한 비판은 동시대 사람들에 의해 제기되었을 뿐 아니라 오늘날까지도 여전히 논의의 중심을 이루고 있다. 첫째 비판은 종교적 체험에서 인지적 요소와 실천적 결단을 완전히 배제할 수 없다는 생각과 연결되며, 더 나아가 주관성의 능력으로 파악되는 사고, 의지, 직관은 서로 분리되어 있다기보다 상호작용을 한다는 생각과 만난다. 둘째 비판은 우주에 대한 직관이 신과 세계를 분리하지 못한다는 주장이다. 지적된 문제들은 『종교론』에서 충분히 논구되지 못한 점이 있기는 하지만 이어지는 일련의 저작들에서 대부분 해소된다. 특히 『변증법』과 『기독교 신앙』은 이 문제들을 비교적 명쾌하게 정리하고 있다. 직관과 감정은 사고와 의지를 동반하는(begleiten) 능력으로 규정되며, 신의 이념과 세계의 이념은 하나의 초월적 근거를 떠받치는 두 축으로 규정된다. 특히 『종교론』 2판부터는 '직관' 개념이 더 이상 사용되지 않고 모두 '감정'으로 표현된다는 것은 이미 잘 알려져 있는 바와 같다. 슐라이어마허는 『종교론』을 세 번에 걸쳐 개작했다. (^{2}1806, ^{3}1821, ^{4}1831)

『독백』(1800)[11])과 개인성의 윤리학

1800년에 출간된 『독백』은 슐라이어마허의 초기 윤리사상을 대변한다. 『종교론』이 직관과 감정으로서의 종교를 강조하고 교리와 자연종교를 비판하면서 개인의 비밀스런 체험을 강조한 것과 마찬가지로 『독백』은 '개인성의 윤리학'을 표방한다. 개인성 내지 개성에 대한 관심은 슐라이어마허의 학생 시절까지 거슬러 올라가는데 그의 일관된 물음은 '개인의 이념은 어떤 원천을 가지며 무엇에 기인하나' 하는 것이다. 또한 이 책은 이보다 앞서 나온 신년설교인 「인생의 진정한 가치」

---

11) F. D. E. Schleiermacher, *Monologen*, Hamburg, ^{3}1978. (=M)

(1792)와 「삶의 가치」(1792/93)로 이름 붙여진 논문에까지 소급된다.[12] 이 저술들은 모두 개인성의 윤리학에 집중하는데, 여기에서는 개인이 타자나 세계와 관계하기에 앞서 먼저 자기 자신을 성찰하면서 수행하는 자기 내적 대화를 중시한다. 특히 해가 바뀌는 시점에서는 그동안 주로 외부세계와 관계하면서 잊어버렸던 자신을 되돌아보고 자기의 삶을 근본적으로 반성하게 되는데, 이러한 독백의 상황이 바로 이 책이 집중적으로 해명하려고 하는 개인의 윤리적 상황이다.

『독백』은 개인의 고유한 삶을 중시하고, 이 삶이 계발되어 가는 모습을 윤리적으로 고찰하려고 하기 때문에 무엇보다 개인 삶의 고유성과 특수성에 집중한다. 이 책은 (개인적인) 삶으로서의 철학을 다룰 뿐 아니라 철학으로서의 삶도 다룬다.[13] 이런 점에서 이 책은 자서전적인 특성을 지닌 것으로 평가될 수 있는데, 이것은 훗날 딜타이가 삶의 철학과 자서전의 연관을 규명하려고 한 점과 일맥상통하는 것으로 보인다. 삶의 고유성과 특수성에 집중하는 윤리학은 당시 윤리학의 대명사로 불리는 칸트나 피히테의 보편윤리와 근본적으로 구별된다. 이들 윤리학은 행위의 개별성과 특수성을 보편성의 지평으로 끌어올릴 수 있는 의지의 가능성에 대해 물으며 언

---

12) H. Fischer, 58쪽 참조.
13) Nowak, 같은 책, 115쪽 참조.

제 어디서나 타당한 보편적인 의무를 추구하기 때문이다.

이 책은 다섯 개의 독백으로 구성되어 있다. '반성' 내지 '성찰(Reflexion)'로 이름 붙여진 「첫째 독백」은 정신, 자유, 내적 삶의 원리를 선언한다. 『종교론』에서는 우주의 직관이 중요했다면, 여기서는 고상한 '자기직관'과 '자기고찰'(M 21)이 중요하다. 개인의 정신과 내면성은 세계와 우주로 빨려 들어가 소멸되는 것이 아니라 자기만의 독자성을 유지한다. 「둘째 독백」은 '테스트'이다. 개인적인 정신과 자유의 원리가 보편적 에토스를 앞세우는 윤리학에 맞서 자기주장을 하며 자기 스스로를 보증한다. 인간은 자기만의 방식으로 인간성을 서술하고 계시할 따름이며, 자기를 빨아들인 보편의 방식으로 인간성을 드러내지 않는다. '세계 조망(Weltansicht)'이라는 제목의 「셋째 독백」은 자연세계와 개인이 양극적 구별의 관계를 이루고 있다는 사실을 주장하며, 「넷째 독백」('전망')은 개인적인 삶의 목표와 그 미래상에 대해 설명한다. 마지막으로 '젊음과 연륜'으로 이름 붙여진 「다섯째 독백」은 낭만주의적인 도덕성과 인륜성이 나이에 따라 어떻게 현실 가운데 실현될 수 있는지를 밝힌다.

『독백』은 개인의 자유를 강조한다는 점에서 피히테의 윤리학과 대립한다. 피히테는 절대자아의 보편적 활동성을 자유로 간주하는 데 반해 슐라이어마허는 개인의 고유한 활동성을 자유로 파악한다. 자기성찰이나 자기직관을 강조하는 슐라이어마허는 칸트 이래의 선험철학이 주도적으로 사용하는 '자아(Ich)'보다 '정신(Geist)'이라는 용어를 선호한다. 그는 주체를 추상적인 '자아'로 파악하는 대신 개인적인 '정신'으로 파악하기 때문이다. 피히테의 자아는 모든 이론과 실천의 출발점을 이루는 보편적인 원리인 반면, 슐라이어마허의 정신은 그때마다 개인의 자유를 가능하게 하는 개인적인 원리이다. "나에게는 정신이 최초의 것이며 유일한 것이다. 왜냐하면 내가 세계로 인식하는 것은 정신의 가장 멋진 작품이자 정신이 창출한 거울이기 때문이다."(M 15 이하) 세계보다 정신을 앞세우는 점에서 피히테의 관념론과 일맥상통하지만 개인성을 중시한다는 점에서 피히테와 확연히 구별된다. 이것은 개인성(Individualität)과 주관성(Subjektivität)의 차이로 구체화된다.

외부세계와의 관계 대신 자기성찰과 명상을 강조하는 『독백』은 스토아주의나 신비주의와 일맥상통한다.[14] 자기를 바라보는 자기성찰에서 개인적인 자기의 자유와 영원한 인간정신의 자유가 확보되기 때문이다. 슐라이어마허는 어느 편지에서 이 문제에 관해 구체적으로 언급한다. "개인성의 원리는 철학의 영역에서 가장 신비적인 것이다. 이와 같이 모든 것이

---

14) G. Scholtz, *Die Philosophie Schleiermachers*, Darmstadt, 1984, 86쪽 참조.

개인성의 원리와 직접적으로 결부되어 있는 곳에서는 전체가 신비적인 외양을 얻을 수밖에 없었다."[15] 바로 이런 문제 때문에 초기 슐라이어마허는 물론이고 슐라이어마허 전체 사상이 개인성에만 몰두하는 비현실적인 철학으로 쉽게 오해를 받는다. 그렇지만 슐라이어마허의 윤리학은 그 자체가 신비주의적인 것으로 치부될 수는 없다. 그것은 또 다른 방식으로 외부세계와 관계하며 개인과 공동체의 관계를 중시하기 때문이다.

슐라이어마허는 개인성이 아무런 제한 없이 내면으로만 확장되는 것을 경계한다. 새로운 자기 됨(Selbstwerden)이 윤리적 이상이기는 하지만, 그것이 외부세계와 차폐된 공간에서 이루어져서는 안 된다는 것이다. 진정한 개인성의 도야는 외부세계와 정신적 공동체성의 도움 없이 불가능하다. 이것은 예컨대 유한화의 과정이 결여된 무한화의 과정은 진정한 실존의 자기됨이 될 수 없다고 주장하는 키에르케고르의 경우와 유사하다.[16] 외부세계 및 공동체와의 관계가 단절된 채 진행되는 개인의 자기성찰은 진정한 자유로 연결될 수 없다. 오히려 진정한 자유는 개인의 내적 자유가 외부세계에 영향을 끼칠

---

15) Schleiermacher, Brief an Brinkman, Br IV, S. 59쪽; H. Mulert, "Einleitung: Die Entstehung der Monologen", in: Schleiermacher, *Monologen*, XXXV쪽에서 재인용.
16) S. Kierkegaard, *Krankheit zum Tode*, Gütersloh, ³1985, 26쪽 이하 참조.

뿐 아니라, 외부세계가 개인에게 영향을 끼침으로써 개인을 넘어선 공동체의 지평에서 체계적으로 획득된다. 따라서 공동체는 개인의 자유를 제약하면서 개인에게 맞서는 반대 항이 아니라 그 가운데서 개인의 자유가 표현되고 수용되는 마당이다. 공동체는 개인의 자유가 형성되는 장(場)인 것이다. 이것은 종교 공동체가 개인적인 직관의 상호전달을 통해 형성된다는 『종교론』 「넷째 강연」을 연상시킨다.

슐라이어마허가 강조하는 개인성의 원리는 그 자체가 존재론적인 것이 아니라 현실 가운데서 늘 새롭게 형성될 수 있는 실재적인 것이다. 개인성의 실체성보다 그 전개와 실현이 더 중요한 것이다. 현재의 "존재상태보다 항상 더 많아지는 것이 나의 유일한 의지이다. 모든 행위는 이러한 의지의 특수한 전개이다."(M 69) 바로 이런 점에서 개인성의 윤리학은 행복주의 윤리학이나 규범윤리학과 대립한다. 개인성의 전개와 실현은 자신을 자신으로 규정하는 개인의 자유가 없이는 불가능하므로, 개인성의 윤리학은 자기규정이나 자기결정으로부터 유래한다. 자유는 이러한 자기결정과 밀접하게 연관되어 있기 때문에 슐라이어마허의 자유 개념은 결정론(Determinismus)과 조화를 이룬다.[17]

---

17) Scholtz, 같은 책, 87쪽 참조.

그러나 개인의 자기결정에서 형성되는 개인성은 다른 개인성과 어떻게 조화를 이룰 수 있는가? 『독백』은 이를 위한 어떠한 일반적 규칙이나 도덕법칙도 제시하지 않는다. 개인의 영역이 어디까지 허용되며 어디서부터 제약되어야 하는지 그 기준이 마련되어 있지 않은 것이다. 『독백』은 낭만주의 친구들처럼 '개인성의 이상'을 추구하지는 않지만, 그렇다고 개인성과 공동성의 연관관계를 세밀하게 밝히지도 않는다. 슐라이어마허는 개인성은 개별자의 차원에서 만족할 것이 아니라 어떻게든 다른 개인성과 통합됨으로써 공동체성의 지평으로 확대되어야 하며, 확대될 수 있다는 낙관적인 주장을 편다. "나의 인간성은 인간성 (자체)에 영향을 끼칠 수 있다"(M 75)는 것이다. 개인은 우주와의 수직적인 관계에서보다 더 종교적으로 도야된 개인이 되고 인간성에 근접한 존재가 되는 것처럼(『종교론』), 다른 개인과의 수평적 관계를 통해 윤리적으로 도야된 개인이 된다(『독백』). 그러나 『독백』에는 개인적 에토스와 보편적 에토스의 매개가 결여되어 있다. 개인은 보편적인 이성의 토대 위에서만 자신을 도덕적 주체로 실현할 수 있으므로, 도덕적 개인에게는 이미 보편성이 전제되어 있어야 한다. 그러나 이것에 대한 해명은 후기 『윤리학』의 과제로 남는다.[18] 이 책에 의하면 모든 행위는 '보편적·동일적 행위와 개인적 행위의 상호작용'이다.

『지금까지의 도덕론 비판』(1803)[19]

『도덕론 비판』은 슐라이어마허가 출간한 책 가운데 철학적인 주제를 담고 있는 유일한 것이다. 『종교론』이나 『독백』도 철학적인 주제를 담고 있지만, 종교적인 주제나 낭만주의적 문체 때문에 엄격한 의미에서 철학 단행본의 테두리를 벗어난다. 우리에게 주어져 있는 『변증법』이나 『윤리학』과 같은 철학적 저술들은 출판에 걸맞은 모습으로 마무리되지 않은 유고이거나 강의 원고이다. 『도덕론 비판』은 서술이 난해하다거나 도덕론에 대한 역사적인 서술에 치우쳤다는 평가 때문에 당시에는 많은 반향을 얻지 못했다. 그러나 이 책은 초기 윤리사상을 체계화한 슐라이어마허의 야심작임에 틀림없다. 하임(G. Haym)의 말을 빌면 이 책은 "윤리적 학문의 새로운 시대를 여는 단초"이며 헤겔의 『정신현상학』은 그 측면부에 해당한다.[20]

『도덕론 비판』은 윤리적인 문제에 역사적으로 접근하면서 이를 체계적으로 재구성한다. 슐라이어마허는 학문적 윤리학

---

18) Fischer, 61쪽 참조.
19) Schleiermacher, *Grundlinien einer Kritik der bisherigen Sittenlehre* (SW III/1, 1-344)
20) Scholtz, *Die Philosophie Schleiermachers*, 101쪽.

을 구성하려고 한다. 윤리적인 내용이 없는 학문적 형식은 학문적 윤리학이 되기에 부족하며, 학문적 형식이 결여된 윤리적 내용은 아예 학문적 윤리학이 아니다. 윤리적인 내용을 위해 역사적인 탐구가 요구되며 개별적인 윤리적 개념들의 연관성을 밝히기 위해 체계에 대한 탐구가 필요하다.

이 책은 고대와 근대의 윤리적 입장을 체계적으로 재구성한다. 이것에 의하면 윤리학은 쾌락과 지복의 체계, 덕과 완전성의 체계로 대별된다. 전자에는 에피쿠로스, 샤프츠베리, 퍼거슨 등이 속하고, 후자에는 스토아학파, 칸트, 피히테와 더불어 플라톤, 아리스토텔레스, 스피노자 등이 속한다. 슐라이어마허는 이러한 윤리적 입장들을 통일성 없는 다양성과 다양성 없는 통일성을 기준으로 구별한다. 쾌락과 지복을 추구한 윤리설은 윤리적 원칙이나 보편타당한 최고선 없이 그때마다 다양한 모습으로 추구되는 쾌락을 지향한다. 이에 반해 덕과 완전성을 추구하는 윤리설은 행위주체의 개인적인 동기보다 보편적인 윤리법칙을 중시한다. 지금까지의 도덕론이 보여주는 이러한 간극은 새로운 도덕론을 통해 메워져야 한다.

슐라이어마허는 개인의 고유성과 공동체성을 매개하려고 하며 이를 통해 보편타당하고 체계적인 윤리이론을 정립하려고 한다. 고유성과 공동체성의 이러한 통일은 후기 윤리사상에 이르기까지 지속된다. 이러한 슐라이어마허의 입장은 전통

윤리학에 대한 평가에서 두드러지게 나타난다. 칸트와 피히테의 의무윤리는 오로지 공동체성만을 강조하고 개인의 고유성을 고려하지 않는다는 점에서 비판받는다. 이것은 『독백』의 입장과 크게 차이나지 않는다. 윤리법칙의 보편타당성이 중요한 만큼 개인의 윤리적 경향과 판단도 중요한데 이들에게서는 개인성을 위한 여지가 존재하지 않는다는 것이다. 개인성을 강조하는 낭만주의의 영향 하에 쓰어진 『독백』과 달리 『도덕론 비판』은 개인성과 더불어 윤리법칙을 중시한다. 여기서 플라톤과 스피노자가 윤리적 모델로 떠오르는데, 이들은 개인의 고유성과 공동체성을 구체적으로 조화시키고 있기 때문이다.

공동체성과 더불어 개인성을 중시하는 윤리학은 당위의 윤리학이 아니다. 그것은 현실 속에서 도덕적으로 행위하는 개인을 공동체성과 함께 고려하는 존재의 윤리학 내지 현실의 윤리학이다. 여기에는 개별과 보편, 자연적 의지와 도덕법칙, 도덕성과 인륜성의 만남이 있다. 이들의 부딪침은 유기적으로 이루어지며 그때마다 새로운 행위와 새로운 문화를 창출한다. 윤리적 이성은 법칙적이기만 한 것이 아니라 예술 및 상상력과 깊이 관련되어 있다. 그것은 항상 윤리적인 마당 한복판에 있지 그 위에 있는 것이 아니다. 따라서 슐라이어마허의 윤리학에는 최고선과 윤리적 이념을 다루는 선론(善論)이 있을 뿐 아니라, 이를 실현할 수 있는 능력을 다루는 덕론(德論)이 있으며, 개별 행위들의 동질성에 대한 논의인 의무론(義務論)이 있다. 이것은 후기의 윤리학에도 동일하게 등장하는 슐라이어마허 윤리학의 세 가지 구성요소이다.

플라톤 연구와 번역

슐라이어마허의 초기 사상에서 빼놓을 수 없는 것은 플라톤 연구와 그 전집 번역이다. "플라톤은 철학적으로 1,800년경의 시대적 요구에 일치한다."[21] 플라톤 전집의 번역은 프리드리히 슐레겔의 제안으로 기획되었고 두 사람이 공동으로 번역 작업을 수행하기로 했다. 슐레겔은 그리스문학사의 올바른 이해를 위해 플라톤 연구가 필수적이라고 생각했으며 이를 위해 플라톤 전집의 문헌학적·체계적 번역을 기획한 것이다. 그러나 번역의 기준을 놓고 두 사람 사이에 발생한 의견의 불일치와 늑장부림에서 연유한 것으로 보이는 슐레겔의 번역포기선언은 슐라이어마허 단독의 번역으로 귀결되었다. 번역은 슐라이어마허가 스톨프(Stolp)에서 궁정설교가로 조용하게 지낼 수 있었던 환경 덕분에 빠르게 진행되었다. 『파이드로스』, 『프로타고라스』, 『일반 서론』등을 담고 있는 전집

---

21) Nowak, 같은 책, 137쪽.

제1부 제1권은 1804년 부활절에 출간되었는데, 출판은 평생의 막역한 친구인 라이머(Reimer)가 떠맡았다. 라이머출판사는 오늘날 슐라이어마허 비평본 출간을 진행하고 있는데, 그 루이터(de Gruyter)출판사의 전신이다. 슐라이어마허의 의욕적인 플라톤 전집 번역은 1809년에 일차로 완성되며(I,1; I,2; II,1; II,2; II,3), 1816년에서 1826년 사이에 2판이, 그리고 1828년에는 마지막 권(III, 1)과 6판이 출간되었다.

플라톤 번역에 몰두할 무렵 슐라이어마허는 플라톤뿐 아니라 고대철학 전반에 많은 관심을 가졌다. 아리스토텔레스의 『니코마코스 윤리학』 8장과 9장을 번역하고 주석을 달았으며 헤라클레이토스와 아낙시만드로스에 관한 논문을 발표했고, 베를린 학술원에 초빙된 이후에는 수차례에 걸쳐 고대 철학 강의를 했다. 그러나 슐라이어마허가 고대 문헌학자로나 그리스철학의 해석자로 이름을 얻게 된 것은 플라톤 번역과 해석에 기인한다.

플라톤 전집의 번역은 슐라이어마허의 사유 형성에뿐 아니라 플라톤 연구에도 많은 영향을 끼쳤다. 슐라이어마허의 번역본 이후 새로운 번역본이 출간되기도 했지만, 그의 번역은 많은 비판적 논의에도 불구하고 여전히 긍정적으로 평가받고 있다. 슐라이어마허의 플라톤 이해는 그가 번역본에 붙인 서론과 각주에 잘 나타나 있다. 대화편마다 따로 붙어 있는 서론들은 최근에 한 권의 책으로 묶여 나왔는데,[22] 여기서 우리는 슐라이어마허가 파악한 플라톤의 사유를 일목요연하게 확인할 수 있다.

슐라이어마허는 번역의 『일반 서론』에서 플라톤 대화편을 문헌학적으로, 체계적으로 재구성하고 있다. 이러한 재구성은 그의 해석학 강의와 직접적으로 연관되어 있다. 1804년부터 시작된 번역 작업은 그 다음 해부터 시도된 여러 차례의 해석학강의에 단초를 제공했음에 틀림없다. 번역 작업의 실제와 해석학적 반성은 교호적으로 작용하면서 양자 모두에게 긍정적인 영향을 끼친 것이다. 번역은 해석학 이론의 실제적 적용이며, 해석학이론은 번역의 방향과 기준을 제시한다. 특히 오해를 피하고 이해를 추구하는 슐라이어마허 해석학의 근본원칙은 대화편의 불명료한 여러 부분을 드러내며 이를 명료하게 만들어준다. 플라톤 번역이 슐라이어마허 해석학의 생성과 밀접하게 관련되어 있다는 사실은 그동안의 연구들을 통해 확인되었다.

슐라이어마허는 번역 작업을 통해서 고급 문헌학과 저급 문헌학의 연관을 새롭게 발견한다. 이를테면 고급 문헌학은 저급 문헌학의 토대가 없이는 그 자체가 불가능하다는 것이

---

[22] Schleiermacher, *Über die Philosophie Platons*, hg. und eingel. von Peter M. Steiner, Hamburg, 1996.

다. 이러한 주장은 새로운 해석학의 토대가 된다.[23] 예컨대 프리드리히 슐레겔도 고급 문헌학의 독자성을 인정하면서 저급 문헌학을 고급 문헌학 다음에 정위할 뿐이지 이 둘의 연관을 중시하지 않기 때문이다. 해석학에서 이룩한 슐라이어마허의 새로운 시도는 계몽주의 해석학에 대한 비판과 보충이다. 계몽주의 해석학은 문제가 되는 구절에 대한 비판(Stellenkritik)에 몰두한다. 올바른 해석은 왜곡된 구절을 교정해야 할 뿐 아니라 연관된 구절들을 비판적으로 비교함으로써 진정한 표현을 만들어내야 하고, 이를 통해 불투명하거나 퇴색된 의미를 저자가 의도한 진정한 의미로 바꾸어놓아야 한다. 그러나 이러한 구절비판은 해석학의 보편적 과제를 충족시켜주지 못한다. 슐라이어마허가 볼 때 계몽주의 해석학은 구절비판을 넘어 텍스트 전체의 의미를 밝혀야 한다. 이를 위해서는 쉽게 이해되는 구절과 이해되지 않는 구절을 하나의 연관 속에서 파악하여야 한다. 말하자면 이해와 비이해가 함께 다루어져야 텍스트 전체의 모습이 드러날 수 있다는 주장이다. 이를 위해서 우선 문헌의 진위 여부와 그 객관적인 연대기적 순서를 드러내고 언어사적 문제를 밝혀야 한다. 더 나아가 해석을 요구하는 것으로 주목받는 부분과 그렇지 않은 부분을 균형 있게

---

23) Nowak, 같은 책, 134쪽 이하 참조.

다루어야 한다. 이것은 해석학사에서 처음으로 시도되는 '해석학의 보편성 요구'이다.

요컨대 슐라이어마허는 플라톤 번역의 실제를 통해서 기존 문헌학과 다른 차원에 서 있는 해석학적 반성에 이른다. 1804년의 『일반 서론』은 그의 '기술적 해석'의 일반 기획을 최초로 보여준다. 텍스트에서 주목을 끄는 부분은 '문법적 기술'을 통해 처리하며, 주목을 끌지는 않지만 저자의 주변적 관심과 정황을 동원할 때 보다 더 잘 이해될 수 있는 부분은 '심리적 기술'을 통해 처리한 것이다. 여기서 심리적 기술은 고급 문헌학으로 연결된다. 슐라이어마허는 문법적 해석과 심리적 해석으로 이름 붙여진 해석기술을 가지고 저급 문헌학과 고급 문헌학의 전체적인 연관을 밝힌 것이다.

슐라이어마허는 프리드리히 슐레겔과 더불어 『파이드로스』편을 플라톤 대화편 가운데 가장 오래된 것으로 간주할 뿐 아니라, 이 가운데 플라톤의 사유와 방법의 근간이 잘 드러나 있다고 생각한다. 그런 때문인지 그는 이 대화편에다 아주 상세한 서론을 붙이고 있다. 그러나 고대 문헌학에서는 이러한 주장에 대한 반론이 적지 않다. 아무튼 슐라이어마허는 『파이드로스』에서 많은 영향을 받으며, 특히 그의 변증법과 언어적 사유의 관점은 이 대화편과 분리시켜 생각할 수 없다. 그는 특히 이 대화편에 나타나 있는 '철학적 이념의 문자적 전달'

과 '생생한 구술지도(指導)' 간의 구별에 주목하고 이 둘 가운데 후자를 우선시한다.[24] 철학적 진리의 전달을 위해서는 구술지도가 문자적인 전달보다 더 적합하다는 것이다. 이것은 소크라테스와 플라톤이 중시한 대화의 방법이며, 바로 이 방법에서 슐라이어마허의 『변증법』이 출발한다.

출판되었더라면 대표 저서가 되었을 『변증법』 강의는 소크라테스와 플라톤의 철학적 자극 없이는 이루어질 수 없었다. 슐라이어마허는 거의 평생에 걸쳐 자신의 변증법적 사유를 다듬는 데 심혈을 기울였는데, 여기에는 항상 플라톤 철학의 해석 및 그것과의 논쟁이 수반되어 있었다. 플라톤 철학에 대한 관심이 변증법적 지식이론을 가능하게 한 것이다. 소크라테스와 플라톤의 대화론적 인식방법은 슐라이어마허가 추구하는 지식이론의 방향과 맞아떨어지며, 이것은 『변증법』에서 '대화수행의 기술'로 규정된다. 지식은 타자와의 대화수행을 통해 가능하다는 생각은 후기 사상에까지 지속된다.

이와 동시에 플라톤 철학의 영향은 그의 학문체계구성에 잘 드러나 있다. 슐라이어마허는 플라톤의 대화록에 산재하는 체계의 요소를 구체화하여 변증법을 원리론으로, 자연학(물리학)과 윤리학을 변증법에 토대를 둔 실재 철학적 분과로 정립

---

[24] Fischer, 67쪽 참조

한다. 이러한 학문체계는 그의 스승인 에버하르트의 영향에서 비롯되며 셸링 철학에 대한 비판에서 고유한 방식으로 구체화된다. 슐라이어마허는 1803년에 나온 셸링의 『대학의 연구방법론』25)에 대한 서평에서 자신의 체계구상을 제시한다. 셸링의 자연철학적 관점은 윤리학을 결여하고 있으며 정신철학의 내용을 다루기에 부족하다는 것이다. 이 서평에서 슐라이어마허는 한편으로 『종교론』을 비판한 셸링을 반비판하며 다른 한편으로 그의 고유한 철학체계를 제시한다. 변증법을 원리론으로 간주하고 자연학과 윤리학을 이것에 토대를 두는 실재 철학으로 파악하는 입장은 단순히 고대와 근대를 잇는 철학사적인 의미를 지니는 데 그치는 것이 아니라 학문체계에 관한 논의에서 오늘날에도 여전히 중요한 논거를 제공하고 있다.

『성탄 축제』(1806)26)

플라톤 대화편의 번역은 대화편의 창작으로 이어진다. 슐라이어마허의 작품 가운데 유일하게 예술적인 형식을 띠고 있는 『성탄 축제』는 플라톤 대화편의 영향을 받고 씌어진 작

---

25) F. W. J. Schelling, *Vorlesungen über die Methode des akademischen Studiums*, Augsburg, 1895.
26) F. D. E. Schleiermacher, *Weihnachtsfeier. Ein Gespräch*, Zürich, 1989 (최신한 옮김, 『성탄 축제』, 문학사상사, 2001).

품으로 평가된다. 낭만주의적 글쓰기 방식은 『종교론』과 『독백』에서 이미 확인되고 있지만, 예술적 형식을 띤 본격적인 글은 『성탄 축제』에서 처음으로 나타난다. 저자는 성탄전야를 맞은 주인공들의 대화를 통해 성탄의 철학적, 신학적 의미를 서술한다. 이 대화편에는 성탄의 기쁨에 관한 부인들의 이야기와 남자들의 신학적이고 철학적인 담화가 들어 있으며, 올바른 종교교육의 방식, 종교와 예술의 관계, 성탄 축제의 기독론적 기초에 대한 이야기도 포함되어 있다.

첫째 부분은 성탄의 기쁨을 나누는 가족과 친구들의 따뜻하고 순수한 모습을 통해 크리스마스이브의 분위기를 묘사한다. 여기서는 선물에 각별한 의미를 부여하는 부인들과 어린이의 순수한 모습이 잘 묘사되어 있다. 둘째 부분은 성탄을 신앙인에게 깊은 감동과 기쁨을 주는 시간으로 그려낸다. 성탄의 거룩한 시간은 경건한 감동을 동반한다. 경건한 감동의 시간은 해마다 반복되는 시간이 아니며 삶의 새로움을 가져다주는 생동적인 시간이다.

대화편의 셋째 부분은 부인들이 경험한 성탄 이야기로 꾸며져 있다. 마음을 나누는 '선물'은 거룩한 밤의 사랑을 묘사하며, 아이에게 베푸는 '세례'는 정결함과 새로운 세계의 탄생을 서술하고, 죽음의 위기를 극복한 아이의 '치유'는 거듭남의 기쁨과 구원을 그려낸다. 넷째 부분은 '성탄의 의미'에 대해 소크라테스적으로 논쟁하는 남자들의 대화이다. 여성들은 성탄의 체험에 집중하는 반면, 남성들은 성탄의 사건에 대한 반성에 몰두한다. 레온하르트에게 성탄은 역사적 사실이라기보다 '축제와 기억의 지속'인 반면, 에른스트에게는 구속자(救贖者)가 갖는 필연적 이념의 현현이다. 에두아르트는 두 사람의 이야기를 종합하면서 성탄의 의미를 그리스도의 '성육신[肉化]'에서 찾는다. 성육신은 신적인 존재와 감각적 자연의 종합이다.

『성탄 축제』는 일종의 기독론(Christologie)이다.[27] 남자 주인공들은 그리스도의 역사성과 내적 체험의 가능성에 대해 논쟁하며 그리스도의 존재론적 위상에 대해 토론한다. 슐라이어마허에게 중요한 것은 그리스도의 체험가능성이다. 신앙인이 내면 가운데서 그리스도를 모든 기쁨의 근원으로 체험하는 것은 슐라이어마허에게 있어 신앙의 원형이다. "우리가 마음 가운데서 심연의 근거와 새롭고 맑은 생명의 한없는 힘을 의식하는 것, 우리가 이 생명의 첫 맹아에서 동시에 최고로 아름다운 개화와 그 최고의 완전을 직관하는 것, 이것은 성탄 축제가 갖는 본래적인 속성이다."[28] 이것은 슈트라우스가 비판하는 '경험신학(Erfahrungstheologie)'[29]을 대변하는 것으로

---

27) Fischer, 69쪽 이하 참조.
28) Schleiermacher, 『성탄 축제』, 141쪽.

보인다. 그러나 이『성탄 축제』는 경험의 차원에만 머물지 않는다. 그것은 에두아르트가 강조하는 그리스도의 성육신에 잘 나타나 있다. "말씀이 육신이 되는 것은 근원적인 존재와 신적 존재가 감각 자연의 형태로 나타난 것이다."[30] 인간은 근원적 존재의 기쁨과 생명을 소유하지 못하므로, 근원존재를 축제적으로 경험하는 데서 만족하지 않고 근원존재가 갖는 구속의 이념을 경험의 목적으로 전제해야 한다.

---

29) Fischer, 70쪽 참조.
30) Schleiermacher, 앞의 책, 147쪽.

3. 철학강의 – 대화와 교호성의 철학

변증법[31]

슐라이어마허는 여섯 차례에 걸쳐 '변증법' 강의를 했다. (1811, 1814, 1818, 1822, 1828, 1831) '변증법(Dialektik)'은 슐라이어마허 철학과 신학의 근간을 이루는 '원리론'으로서 실재적인 체계분과인 '윤리학'과 '물리학(자연학)'의 영역을 넘어가며 이 둘에 근거를 제공하는 근본학이다. 피히테의 '지

---

31) F. D. E. Schleiermacher, *Dialektik*, Aus Schleiermachers handschriftlichem Nachlasse. hrsg. von. L. Jonas (SW 3. Abt. Bd. 4/2), Berlin, 1839 (=DJ); F. D. E. Schleiermacher, *Dialektik*, Im Auftrag der Preußischen Akademie der Wissenschaften auf Grund bisher unveröffentlichten Materials. hrsg. von. R. Odebrecht, Darmstadt, 1976 (=DO); F.D.E. Schleiermacher, *Dialektik (1814/15), Einleitung zur Dialektik (1833)* hrsg. von. A. Arndt, Hamburg (=DA); F. D. E. Schleiermacher, *Dialektik*, Herausgegeben und eingeleitet von Manfred Frank, 2 Bde., Frankfurt/M., 2001 (Bd. 1=DF).

식론'과 셸링의 '동일성철학'을 비판하면서 독자적인 사상체계를 구축하려는 슐라이어마허는 변증법을 '학문의 학문(Wissenschaftswisssenschaft)'으로 규정한다.(DA 8) 이러한 명칭이 지시하듯이 그는 자신의 '변증법'을 통해 동시대 철학자들을 넘어서려고 하며 자기만의 독자적인 형이상학을 시도한다. 슐라이어마허는 거의 평생에 걸쳐 지속된 변증법 강의를 정리하여 책으로 묶으려고 했지만 예기치 않게 빨리 다가온 죽음으로 인해 그 뜻을 이루지 못했다. 저자는 그의 죽음 직전에 『변증법』의 '서론'을 마무리하는 작업으로 만족해야 했다.

슐라이어마허의 변증법은 플라톤의 변증법과 밀접하게 연관되어 있다. 변증법은 사고의 상이성을 동일성으로 이끄는 철학함의 기술이다. 사고의 차이로부터 출발하여 사고를 교환함으로써 동일성에 이르는 변증법은 철학적 대화의 이론이자 기술이며 학문적 구성이론이다.(DF 161 이하) 슐라이어마허는 플라톤이 중시한 '올바른 대화(dialegesthai)'에 착안하여 변증법을 "순수사고의 영역에서 이루어지는 기술에 부합한 대화수행을 위한 원칙의 서술"(DO 5)로 규정한다. 간단히 말해서 변증법은 '철학적 대화의 기술'이다. 철학적 대화는 대화에 참여하는 사람들의 상이한 견해를 동일한 견해와 동일한 사고로 이끌어주는데, 여기서 동일한 사고로서의 지식이 성립한다. 이런 점에서 변증법은 '지식이론'이다.

슐라이어마허의 변증법을 선도하는 사고는 '순수사고(reines Denken)'이다. 이것은 '일과 관련된 사고' 내지 '업무적 사고(geschäftliches Denken)' 및 '예술적 사고(künstlerisches Denken)'와 구별된다. 업무적 사고는 일을 통해 성취되는 욕구충족 및 이를 위한 수단 강구와 관련되어 있다. '예술적 사고'는 일의 목적과 무관하게 사고 주체의 만족을 지향한다. 업무적 사고는 욕구충족과 관련되기 때문에 대상의 사상(事象)을 파악할 수 없으며, 예술적 사고도 개인의 만족과 연관되기 때문에 대상을 객관적으로 파악할 수 없다. 대상의 객관성을 파악할 수 있는 사고는 순수사고밖에 없다. 순수사고는 존재와 관계하면서 모든 사람들에게 구속력이 있으며 모든 논쟁으로부터 자유로운 지식을 구성하려고 한다. "변증법은 이미 논쟁이 있었던 곳에서, 그리고 지식을 향한 방향이 강하게 자리잡고 있는 곳에서, 더 나아가 논쟁을 그 속성에 걸맞게 순수하게 수행하기 위하여 순수사고가 다른 사고와 구별되는 가운데 충분히 규정적인 곳에서 생겨나며 형성될 수 있다."(DA 122) 요컨대 지식은 서로 상이한 개인의 사고가 '모두에게 동일한 사고(das in Allen selbige Denken)'로 이행할 때 비로소 획득된다.(DA 124)

이와 같이 슐라이어마허 변증법의 초점은 사고와 지식의 관계 규명에 맞추어져 있다. 여기서는 사고와 존재의 일치 및 사상과 사유 주체의 일치가 주제화된다.(DF 182) 전자는 아리스토텔레스 이래 통용되어 온 진리의 기준이며, 후자는 슐라이어마허의 독자적인 주장으로서 사유 주체들이 동일한 방식으로 생각하는 것을 진리로 간주한다. 진리구성의 이 두 측면은 변증법의 목차구성과 직접적으로 연관된다. 제1부인 「선험적 부분 transzendentaler Teil」은 지식의 가능근거를 형이상학적으로 탐구하면서 사고와 존재의 일치 가능성에 대해 천착한다. 제2부인 「형식적 혹은 기술적 부분」은 개별지식의 결합과 연관에 대해 다룬다. 제1부는 선험철학적 이론 내지 형이상학적 이론이라면, 제2부는 지식구성이론 내지 논리학이다. (Organon und Kriterion, DF 168) 슐라이어마허의 변증법은 형이상학과 논리학의 통합을 시도한다. "형이상학이 결여된 논리학, 형식적 철학, 선험철학은 학문이 아니며, 논리학이 결여된 형이상학은 임의적이고 공상적인 형태 이상을 얻을 수 없다."(DF 152)

슐라이어마허의 변증법이 형이상학과 논리학의 통합을 문제 삼는 것은 동시대 철학자들(피히테, 셸링, 헤겔)과 깊이 연관되어 있다. 슐라이어마허는 이들과 같이 전통형이상학과 논리학의 관계를 재조명하면서도 이들과는 전혀 다른 길을 시도한다. 그는 의심의 여지가 없는 철학체계가 종래의 방식으로는 성취될 수 없다고 생각한다. '지식학'으로 자처하는 철학체계들은 자신의 체계로부터 다른 체계를 배제하려고 하기 때문에 체계들은 늘 논쟁 가운데 있다는 것이다. 이런 맥락에서 그는 "우리 자신의 힘으로 논쟁을 종식시킬 수 있으리라는 희망으로 지식의 학을 세우는 대신, 지식을 위한 공동의 출발점에 이를 수 있으리라는 희망을 가지고 논쟁의 기술론(Kunstlehre des Streitens)을 설정하는 일이 타당할 것"(DO 43)이라고 주장한다. 슐라이어마허의 변증법은 논쟁을 합의로 이끄는 기술이론이다. 변증법은 독백적으로 수행된 학문이론이 아니라 체계들 간의 대화를 가능하게 하는 상호주관적 학문실천이다.

이러한 관점은 당시에 등장한 상이한 형이상학적 체계에 대한 '철학적 비판'(DA 61)으로 이어진다. 비판은 칸트에서처럼 이성 자체에 대한 비판이기보다 현실지를 가능하게 하는 이성에 대한 비판이며 이러한 지식을 위해 전제된 원리에 대한 비판이다. 이 점에서 비판은 형이상학 비판이며, 이러한 비판에 이르게 하는 사고에 대한 비판이다. 비판은 지식의 현실적 연관을 떠나서는 일어나지 않는다. 지식의 현실적 연관은 현실지와 비판 간의 대화를 요구한다. 이런 맥락에서 슐라이어마허는 체계들 간의 대화를 가능하게 하는 이론을 추구한다.

하나의 체계는 다른 체계와 상이한 것이라는 점에서 그 자체가 새로운 논쟁을 위한 출발점을 형성한다. 하나의 체계는 그 자체가 완결된 것으로서 학문의 최종점을 지시한다기보다 다른 체계와의 상이성을 해소하기 위해 대화할 수 있는 출발점이다. 하나의 체계가 다른 체계와 다르다는 이유로 거부되어야 한다면, 그것은 지식의 불가능성을 주장하는 회의주의와 다를 바가 없다. 슐라이어마허의 변증법에서 중요한 것은 모든 철학체계를 대화로 끌어들이는 일이며, 대화를 통해서 하나의 관점이 다른 관점으로 이행할 수 있다는 사실을 의미 있는 일로 받아들이는 것이다. 변증법적 학문실천은 항상 '이행' 가운데 있다. 중요한 것은 논쟁에 참여하는 사람들이나 체계들이 모두에게 근원적이고 공통적인 연결점을 발견하는 일이다. 슐라이어마허 변증법의 특징은 이러한 연결점이 철학의 원리로 전제되어 있는 것이 아니라 대화를 통해 발견되어야 한다는 점에 있다.

변증법적 학문실천이 항상 이행 가운데 있다는 사실은 지식이 고정되어 있지 않고, 늘 생성 가운데 있다는 것을 의미한다. 이른바 '지식의 생성'은 사고의 실제적인 과정에서 나오며 사고의 실제적인 과정은 항상 언어적으로 수행되는 논쟁으로 이루어진다. 여기서 논리적 사고 내지 독백적 사고 대신 대화적 사고 내지 언어적 사고가 주제화된다.

슐라이어마허의 사고는 지식의 모든 형식을 처음부터 언어와 관련짓는다는 점에서 자기관계적 사고 내지 독백적 사고와 엄격히 구별된다. 그에게서 지식은 늘 하나의 사고이지만, 사고는 자립적으로 지식을 구성할 수 없다. "순수사고의 자립성은 언어 소유와 결합되어 있다."(DA 145) 언어와 관련되어 있는 사고는 독자적으로 지식을 구성할 수 없으며, 그것이 자기 동일적일 수 있기 위해서 늘 언어의 보충을 필요로 한다. 사고의 언어성(Sprachlichkeit des Denkens)은 사고의 통일적 활동이 언어를 통해 제약된다는 사실을 보여준다.

이와 마찬가지로 늘 유동성 가운데 있는 언어는 자기동일성과 보편성을 위해 사고의 도움을 필요로 한다. "언어는 그 어떤 곳에서도 그 자체가 전적으로 완결되고 완전한 전체를 형성하지 않으며, 오히려 그 일반적인 용례에서 보이는 (다른) 언어와 늘 다양한 방식으로 결합되어 나타나기"(DA 138) 때문이다. 사고와 언어는 서로를 배제할 수 없을 뿐 아니라 서로가 서로에게 필연적이다. 진술된 것은 이해를 위해서 반성되어야 하며, 반성은 진술된 그 무엇 위에서 출발할 수 있다. 사고와 언어의 기능은 서로가 서로를 보충하며 상호 의존되어 있는 것이다.

언어적 사고는 동일성의 철학을 이상으로 갖지만 그 자체의 언어 연관성 때문에 차이성과 무관할 수 없다. 따라서 지식은 절대적 동일성이나 절대적 보편성에 도달할 수 없으며 늘 특수성에 결속된 보편성으로 그친다. 지식의 통일성은 언어적 사고를 통해 자기 완결적으로 성취될 수 없으며, 그것의 가능성은 잠정적 가능성에 불과하다. 차이성만을 주장하지 않으며 가능한 한 동일성의 지평에 도달하려는 언어적 사고는 '동일성의 파손'이라는 인간적 현실을 불가피하게 받아들이는 사고이며 동일성을 인간 사고의 가능한 범위 내에서 정립하려는 사고이다. '사고와 언어의 교호성'은 보편성을 획득할 수 있는 전혀 새로운 차원이다.

언어적 사고가 지식에 이르는 과정은 특징적이다. 슐라이어마허에서 지식은 사고의 지성적 기능과 감관적 기능의 종합을 통해 가능하다. 지성적 기능(intellektuelle Funktion)은 통일성의 원칙으로서 지식에 형식을 부여하고, 감관적 기능(organische Funktion)은 다양성의 원칙으로서 지식에 내용을 부여한다. 지성적 기능은 개념을 산출한다. 감관적 기능은 '인간 존재가 다른 존재에 대해 개방되어 있는 상태(Geöffnetsein des menschlichen Seins für das andere Sein)'를 지시하는데, 이러한 개방을 통해 외부세계가 인간을 새롭게 조직하고 형성한다.(DO 140) 이것은 칸트가 감성과 오성의 종합을 경험으로 간주하는 것과 유사하다. 오성은 무규정적 다양성을 통일적으로 규정할 수 있지만, 오성의 형식에는 그때마다 감성의 내용이 채워져 있어야 한다. 슐라이어마허 지식이론의 특징은 지식을 위해 이 두 가지 축을 전제하고, 이 둘의 상호관계를 설명하는 데 있다.

이성과 감성 간의 관계 내지 개념과 형상 간의 관계는 다음의 인용문에 잘 나타나 있다. "개별자를 규정된 존재로 실제적으로 정립하는 것과, 개념체계 내의 특정한 자리에 일치하는 보편적 형태를 감성으로 투입, 형성하는 것은 상호동일한 계기이다."(DO 357) 이 명제는 지식이 지성적 기능과 감관적 기능의 상호연관성에서 비로소 구성될 수 있다는 사실을 잘 보여준다. 지식은 이성과 감성의 상호작용에서 출발하는 것이다. 규정 이전의 모든 다양한 존재자들은 무질서와 혼돈 가운데 있는 반면, 규정된 존재는 무규정적 다양성이 오성을 통해 통일됨으로써 가능하다. 규정된 존재는 지성적 기능과 감관적 기능의 실재적 상호관계를 요구한다. 사유의 총체적 활동은 감각재료로 채워진 감성에 적용되며, 이성의 총체적 활동은 감성의 총체적 활동에 적용된다. 이것은 지식의 이념에 대한 순수한 표현이다.(DO 356)

지식은 이와 같이 이성과 감성의 상호연관에서 발생하는데, 지식에 대한 개념적 규정은 다음의 세 계기로 나누어질 수 있다. ① 모든 개념은 보편과 특수의 공동존재이다. ② 개념은 개념의 전개와 연관해서 볼 때 항상 한 개념에서 다른 개념으로 이행하는 가운데 있다.(DO 348) ③ 이행하는 개념은 그 계기마다 '유동적 대립'(DO 356)을 만들어낸다. 이러한 보편과 특수라는 개념연관은 이성으로부터만 생겨나지 않는다. 슐라이어마허에 의하면 보편과 특수는 개별자가 지성적 기능을 통해 감성으로 전개됨으로써 이루어질 수 있다. 여기서 개념(Begriff)과 함께 형상(Bild)이 요구된다.

개념형성을 위한 지성적 기능과 감관적 기능의 상호작용은 감관적 기능으로부터 촉발된다. 우선 외적인 촉발에 의해 감관적 기능 가운데 개별 형상이 생겨나고, 이 개별 형상은 이성의 내적 활동을 통해 포착되면서 보편 형상이 된다. 보편 형상은 항상 보편적이어야 하는 '개념의 감성적 측면'(DO 359)이기도 하다. 그러나 보편 형상은 구체성을 위하여 감성과 역관계를 맺어야 한다. 따라서 지성적 기능은 보편 형상의 구체성을 위하여 감관적 기능을 필요로 하며, 감관적 기능은 형상의 원자적 개별성으로 남지 않기 위하여 지성적 기능을 요구한다. 개념의 감성적 측면과 감성의 개념적 측면은 서로 맞아떨어져야 한다. 개별은 감관적 기능을 향하는 지성적 기능의 결과로 생겨나며, 보편과 특수는 이 개별에 대한 반성의 결과이다.

슐라이어마허는 보편에서 특수를 거쳐 개별로 진행하는 연역적인 개념형성을 비판한다. 그는 오히려 개별은 감성과 결합되며 보편은 이성과 결합되어 있어야한다는 개념과 감성의 결합을 주장한다. 개별은 감관적 측면을 향하는 지성적 기능을 통해 직접적으로 생겨난다. 개별은 시간적 변화의 연관에서 보편과 특수로 탈바꿈한다. 항상 동일한 모습을 견지하는 개별은 이미 보편이며 변화하는 개별은 특수이다. 개별은 시간적 변화의 연관에서 보편으로 변한다. 변화하는 개별 가운데서 그 지속성을 본다면 그것은 개별에 대한 보편을 보는 것이며, 그 지속성 가운데서 변화를 본다면 그것은 개별에 대한 특수를 보는 것이다. 따라서 개념은 무시간적인 것이 아니라 "사유의 실제적 활동 가운데서 시간적으로 전개된 것"(DO 359)이다.

개별, 특수, 보편의 토대는 각각 다른 데 있다기보다 동일한 사유에 있다. 동일한 사유 가운데 감관적 기능에 들어 있는 개별은 지성적 기능에 의해 받아들여지면서 보편의 형상으로 변한다. 이러한 보편의 형상은 그것이 다른 보편과 비교되면서 특수로 변한다. 따라서 개념의 세 가지 계기인 보편, 특수, 개별은 이성만의 독자적 산물일 수 없으며 이성활동이 감성활동을 향해 형성된 결과이다. 모든 지식은 항상 사유의 두 가지 기능의 만남을 통해 생성된다. "모든 진리의 근본조건은 이성과 감성의 공속성"이다.(DO 352 이하)

인식에서 최초의 규정자가 이성만을 통해서가 아니라 이성과 감성의 공동작용을 통해서만 구성될 수 있다는 사실은 슐라이어마허의 변증법이 보여주는 놀라운 통찰이다. 감관적 기능이든 지성적 기능이든 그 하나만으로는 지식의 이념이나 인식의 시원을 정초할 수 없다. 지성적 기능만으로 지식의 절대적 시원을 형성할 수 없다는 사실은 지성적 기능이 다른 지극(anderer Impuls)을 요구한다는 것을 의미한다.(DO 360) 슐라이어마허는 근원적 존재로서 지성적 기능에 나타나는 이 자극을 '신의 이념(Idee der Gottheit)'과 '세계 이념(Idee der Welt)'으로 규정한다.(DO 360) 신의 이념은 모든 지식의 근거와 원리로 작용하며 세계 이념은 모든 사유활동 이전에 주어져 있는 존재의 총체성으로 작용한다. 이 두 이념은 지식구성에서 지식근거와 지식연관의 '초월적 근거(transzendenter Grund)'로 작용하는 것이다.(DO 270) 따라서 이 두 이념은 지식의 선험적 전제이다. 우리는 '세계의 이념'을 통해 유한한 존재의 총체성을 표상할 수 있으며 '신의 이념'을 통해 최고 대립의 통일성을 표상할 수 있다. 세계는 '대립의 총체성'인 반면, 신은 '모든 대립의 실재적 부정'이다.(DF 280) 인간은 세계의 이념을 향해 근접해갈 수 있지만 거기에 도달할 수 없기 때문에 유한하며 절대적 지식을 산출할 수 없다.

세계의 이념과 신의 이념이 지식의 초월적 근거라는 주장은 슐라이어마허 특유의 주체이론으로 이어진다. 세계와 신의 이념은 지식의 근거로서 주체 가운데 전제되어 있지만 그 자체가 반성적으로 드러나지는 않는다. 주체는 자기동일성을 반성적으로 소유하지 못하며 자기의 근거를 반성적으로 정립할 수 없다. 주체가 자신을 자기동일적으로 정립할 수 없다는 것은 주체가 반성적 주체를 통해서는 완전히 해명되지 않으며, 오히려 자신을 가능하게 하는 타자존재를 자기 속에서 갖는다는 사실을 의미한다. 주체는 자신을 반성적으로 알지 못하지만 반성을 가능하게 하는 근거를 소유한다. 모든 반성적 정립에는 '어떻게든-이미-형성되어-있는-존재(Irgendwiegewordensein)'가 그 근거로 전제되어 있다.32) 주체는 이미 구성되어 있는 존재에 의존하는 것이다. 슐라이어마허는 이러한 주체를 '절대의 존감정', '보편적 유한의식'33), '보편적 의존감정'(DO 290) 등으로 표현한다. 주체에 대한 이러한 규정들은 독일관념론이 추구하는 무한적 주체의 이상과 근본적으로 구별된다. 유한한 의식에서 드러나는 반성의 한계는 현대 철학에서 회자되는 '주체의 위기'와 맞물린다. 슐라이어마허는 근대의 한복판에서 현대적 사유를 선취하고 있는 것이다.

슐라이어마허는 반성활동 너머에 주어져 있는 주체를 "자가-자신을-가짐(Sich-selbst-Haben)"(DO 288)으로 규정한다. 자기 자신에 대한 지식과 엄격히 구별되는 자가-자신을-가짐

---

32) F. D. E. Schleiermacher, *Der christliche Glaube nach den Grundsätzen der evangelischen Kirche im Zusammenhange dargestellt,* von Friedrich Schleiermacher (1830/31), Berlin/New York, ⁷1960, § 4.1.
33) 같은 책, § 8.2.

은 반성적 파악의 대상이 될 수 없지만 직접적으로 느껴질 수는 있다. "감정은 사람들이 보통 생각하는 바와 같은 주관적인 것이 전혀 아니다. 감정은 개별적 자기의식에 관계하는 것과 마찬가지로 보편적 자기의식에 관계한다."(DO 288) 자기 근거에 대한 이러한 느낌의 통로마저 배제된다면 주체는 어떠한 반성활동도 할 수 없을 것이다. 자기를 정립하는 반성과 반성에 앞서 이미 정립된 존재를 느끼는 감정 사이에서 주체는 자립적인 존재가 아닌 의존적인 존재로 확인된다. 슐라이어마허는 이러한 주체의 모습을 '절대의존감정(das schlechthinnige Abhängigkeitsgefühl)'[34]으로 규정한다. 절대의존의 감정에서 드러나는 주체의 절대의존성은 세계와 관계하는 대상의식에 귀속되지 않고 직접적 자기의식(unmittelbares Selbstbewußtsein)에 귀속된다. 절대의존감정의 상관자는 직접적 자기의식에 함께 정립되어 있는 근원자(Woher)이며 이 근원자는 '신'이라는 말과 동일시된다. "스스로 절대의존적임을 느끼는 것과 스스로 신과 관계하는 존재로 의식하는 것은 동일"[35]하므로, 절대의존감정은 곧 '신 의식(Gottesbewußtsein)'이다.

슐라이어마허가 파악하는 신은 최고의 자기의식 가운데 존

---

34) 같은 책, § 4 이하.
35) 같은 책, § 4.4.

재가 결핍되어 있다는 사실을 지시한다. 신이 주체 속의 존재 결핍을 뜻하는 한, 신은 반성규정의 결과물이 될 수 없으며, 오히려 모든 반성규정의 근거이다. 신은 반성활동에 앞서 전제되어 있기 때문에 지식은 신의 작용을 통해서만이 비로소 가능해진다. 반성활동에 앞서 자기의식 가운데 직접적으로 반영되어 있는 신은 인간의 주체 속에 있는 타자이다. 인간은 유한함에도 불구하고 자기 안에 신을 소유한다는 측면에서 절대적인 연관의 주체로 규정된다. 인간존재는 스스로 근거가 아니면서도 초월적 근거를 직접적으로 동반하는 주체이며 이 근거를 자신 가운데 반영하는 것이다. 이러한 사유는 인간이 존재의 근거가 아니지만 이 근거를 소유하는 주체라는 기독교적 인간 이해에서 유래한다. 인간은 신이 아니지만 신의 형상을 지니며, 신은 유한한 인간을 '무시간적으로'(DO 291) 동반한다. 주체는 한편으로 스스로를 규정할 수 없는 유한한 존재이지만 다른 한편으로 초월적 근거를 소유한 무한한 존재이기도 하다. 초월적 근거를 소유하는 인간은 초월적 규정을 갖는다.(DO 290)

인간은 초월적 규정을 소유했음에도 불구하고 절대성의 주체가 될 수 없다. 인간은 자기 안의 타자를 통해 무한자와 접촉하면서도 이 타자를 자기화할 수 없기 때문이다. 주체가 절대적 연관을 지니고 있다는 것과 이 연관을 지식으로 변경할 수 있다는 것은 엄격하게 구별된다. 인간은 자기의식 가운데 전제되어 있는 타자의 도움으로 지식을 구성할 수 있지만 이를 사유 가운데서 투명하게 설명할 수는 없다. 지식은 그 근거로 기능하는 자기 속의 절대자를 투명하게 설명할 수 없기 때문에 절대지를 가질 수 없다. 따라서 슐라이어마허에게서 지식은 상대성과 비합리성의 영역을 벗어날 수 없다.

지식의 상대성과 비합리성은 한편으로 지식의 근거와 원리를 투명하게 설명할 수 없다는 것에서 유래하며 다른 한편으로 사유의 언어구속성에서 유래한다. 슐라이어마허는 이 점에서 칸트 및 독일관념론의 사유와 근본적으로 구별된다. 칸트에서 표상의 다양성을 하나의 연관으로 통일시키는 것은 범주이다. 순수사유의 능동적인 활동성인 범주는 통일적 개념을 산출하기 위해 사유 이외의 능력에 의존하지 않는다. 이에 반해 슐라이어마허의 사유는 언어의 보완을 요구하는 언어적 사유이다. 사유가 언어적 사유로 규정되는 곳에는 사유의 상대성이 이미 확정되어 있다. 다양한 표상을 동일한 연관 가운데 통일하는 동일한 사유는 언어의 매개를 통해 획득되며, 동일한 사유의 규정은 언어를 통해 완성된다. 따라서 언어적 사유가 마련하는 개념은 절대적 보편성을 가질 수 없으며 상호주관적인 보편성만을 성취한다.

대화수행의 기술인 변증법은 대화하는 언어적 주체들 사이의 상호이해의 기술이며, 이것은 대화 참여자들에게 보편적으로 구속력을 지니는 지식형성의 기술이다. 개별적 주체의 언어적 실행이 순수사유의 운동을 규정하고 이러한 사유의 운동은 상호 주관적 지식구성으로 귀결된다. 사유의 차이는 언어의 동일성을 통해, 언어의 차이는 사유의 동일성을 통해 극복될 수 있다. 사유의 차이와 언어의 차이는 각각 '대화적 방법'을 통해 동일성에 이를 수 있으며, 이들 동일성은 서로 대화적으로 관계함으로써 지식의 이념에까지 나아갈 수 있다. 대화에 참여하는 개인의 실제적인 사유는 그 출발점에 있어서 개별적이며 비합리적이다. 대화를 시작하는 개인의 사유는 다른 개인의 사유와 다르며, 서로 다른 사유는 비합리적이다. 사유의 개별성과 비합리성은 사유주체만의 개별적인 언어로부터 유래한다. 슐라이어마허의 변증법은 이러한 사유의 비합리성을 합리성으로 이행하게 하는 대화의 기술이다. 성공적인 대화의 수행은 개별적인 사유의 비합리성을 합리성으로 변모시키며 사유의 차이를 동일성으로 이행하게 한다. 사유의 비합리성이 합리성으로 이행하는 것은 사유의 차이가 동일성으로 변모하는 것과 다르지 않다. 변증법은 개인의 비합리성을 언어의 통일성을 통해 해소하는 기술이다.

지식의 획득이 대화하는 주체들의 상호 주관적 관계를 통해서만 가능하기 때문에, 변증법적인 지식은 상대성과 역사성을 넘어설 수 없다. 이러한 지식의 상대성은 사유의 불완전함이나 차이에서 유래하고, 지식의 역사성은 사유가 그때마다 변화하는 세계에 개방되는 데서 유래한다. 그러나 이러한 지식의 상대성은 곧바로 상대주의로 연결되지 않는다. 변증법적 지식의 유한성과 상대성은 사유와 언어의 상호의존성에서 유래하지만 지식은 그 이념을 향해 나아가기 때문이다. 사유와 언어의 상보적인 관계는 지식의 점진적 진보를 가능하게 하며 지식을 그 이념으로 인도한다. 슐라이어마허 변증법의 목표는 지식의 이념에 있다. 현실적인 지식 내지 생동적이고 역사적인 지식이 목표로 하는 최고의 지평은 사유가 언어로 해소되고 언어가 사유로 해소될 때 성취된다. 슐라이어마허는 하나의 이성이나 동일적인 개념체계만 추구하지 않고 동일한 이성이 개성적으로 형태화되는 다양한 현실의 과정을 중시한다. 이것은 실재-관념론(Real-Idealismus)의 진면목이다.

윤리학36)

철학적 윤리학은 변증법과 더불어 슐라이어마허의 체계사

---

36) F. D. E. Schleiermacher, *Ethik (1812/13) mit späteren Fassungen der Einleitung, Güterlehre und Pflichtenlehre*, Auf der Grundlage der Ausgaben von Otto Braun hrsg. and. eingel. von. Hans-Joachim Birkner, Hamburg 1981. (=E)

유를 보여주는 핵심 분과이다. 슐라이어마허는 일생 동안 철학적 윤리학의 정립에 심혈을 기울였으며, 이는 여러 학기(1804/05, 1805/06, 1808, 1812/13, 1816, 1824, 1827, 1832)에 걸쳐 이루어진 '윤리학' 강의에 잘 나타나 있다. 그러나 변증법의 경우와 마찬가지로 이들 강의는 저자의 계획과 달리 책으로 출판되지 못했으며 우리에게 수고(手稿)로 남겨져 있다.

해석자들은 슐라이어마허의 윤리학을 '문화철학', '역사의 체계이론', '사회적 현실의 해석학', '철학적 사회학', '사회윤리학', '정신과학의 철학' 등으로 다양하게 규정한다. 그러나 이와 같은 다양한 해석은 윤리학에 대한 슐라이어마허의 다음과 같은 포괄적인 규정에 근거한다. 윤리학은 "이성의 삶에 대한 기술"이며, "이성의 삶은 자연에 대한 (이성의) 행위로 파악된다."(E 7) 이성의 삶은 자연에 대한 정신의 활동성으로 나타나므로 윤리학은 '정신의 활동성에 대한 학'[37], '정신과학'[38] 내지 '정신철학'으로도 규정된다. 또한 이성의 삶과 정신의 활동성이 역사를 만들어낸다는 측면에서 윤리학은 '역사학'(E 11) 내지 '역사원리의 학'[39]으로 파악되기도 한다. 윤

---

37) SW III/3, 183쪽.
38) SW III/2, 467쪽 이하.
39) F. D. E. Schleiermacher, *Kurze Darstellung des theologischen Studiums zum Behuf einleitender Vorlesungen*, hrsg. von Heinrich Scholz, Darmstadt, ^{5}1982 (=KD), § 35.

리학은 칸트나 피히테에서 보이는 바와 같이 도덕법칙에 대한 이성의 의무와 당위를 서술한 것이 아니라, 주어져 있는 자연을 형성하는 이성의 실제적 과정을 체계적으로 서술한 것이다.

이성의 삶과 정신의 활동성을 중시하는 윤리학은 도덕법칙의 보편성을 강조하는 좁은 의미의 윤리학을 넘어선다. 도덕법칙의 초월성을 지향하는 윤리학은 개인의 경향성과 의지를 비판할 뿐 아니라 이를 윤리적 행위에서 아예 배제하려고 하며 이것에 맞서 의무와 당위를 강조한다. 여기서는 불가피하게 의무와 경향성, 보편적 이성과 개인적 의지, 당위와 존재라는 이원론이 등장한다. 그러나 슐라이어마허는 칸트나 피히테가 주장하는 이러한 이원론적 윤리학에 맞선다. 『지금까지의 도덕론 비판』에서 시도된 바 있는 그의 비판은 '철학적 윤리학'에서 보다 체계적인 형태로 전개된다. 그것은 보편과 개별을 동시에 강조하는 일원론적 '최고선론'이다. 『독백』에서 강조한 개인성은 철학적 윤리학에서도 중요한 역할을 감당한다. 의무론적 윤리학은 개인성을 일방적으로 배제하지만 자연에 대한 이성의 행위를 강조하는 입장은 개인성을 윤리학의 중요한 계기로 받아들인다. 그러나 개인성은 도덕법칙의 미명하에 배제되어서도 안 되지만, 그 자체로 정당화되는 것도 아니다. 그것은 최고선을 향한 도정에서 파악되어야 한다. 슐라이어마허에게 중요한 것은 인간의 개인성과 공동체성이 통합되는 진정한 '인간성(Menschheit)'의 구현이다. 개인성과 공동체성의 관계를 통해 현실과 역사 가운데 최고선을 실현하려는 입장은 '인륜성(Sittlichkeit)'을 강조하는 헤겔의 실천철학과 유사하다. 슐라이어마허의 윤리학은 이성을 통해 자연을 지배하는 인간의 점진적 과정에 대한 서술로서 인간성의 역사를 중시한다.

슐라이어마허의 윤리학은 '선론(善論)', '덕론', '의무론'의 세 부분으로 구성되어 있다. 선론에서는 윤리적 과정의 목표인 최고선에 대한 논의가 근간을 이룬다. 슐라이어마허에 의하면 "인륜적으로(sittlich) 형성된 모든 것은 선이며, 이 선의 총체성은 최고선이다. 따라서 윤리적인 것에 대한 객관적 서술은 최고선의 이념에 대한 서술이다."(E 16) 최고선은 이성과 자연의 최고 통합상태를 지시한다. "윤리적 과정은 그것이 이성의 활동성에서 나오는 근원적인 통합의 확대와 상승인 한에서 전체 자연이 이성에 의해 이성의 기관이 됨으로써만 완성된다."(E 19) 따라서 선론(Güterlehre)은 자연에 대한 이성의 행위가 통합을 지향하면서 산출한 인륜적 결과물을 다룬다. 이 결과물은 그 가운데 인륜적인 것이 구현되어 있는 정신적, 물질적 선과 가치(Güter)를 지시한다.

슐라이어마허는 덕을 "이성의 힘으로 고양된 인간 본성의 모든 기능"(E 16)으로 정의한다. 따라서 덕론은 모든 인륜적 행위의 근간을 이루는 인륜적인 힘(sittliche Kraft)을 주제화한다. 더 나아가 의무론은 인륜적 행위가 지향하는 의무형식을 다룬다. 슐라이어마허의 의무 개념에서는 특정행위와 행위과정의 총체성이 맺는 관계가 중요하다. 따라서 "의무론은 모든 인륜적 행위 자체가 인륜적 형식의 총체성을 지향하는 경향을 갖는다는 사실을 보여준다."(E 18) 슐라이어마허에게 특징적인 것은 윤리학을 구성하는 이 세 분과가 서로 밀접하게 연관되어 있으며 서로에 대해 보완의 기능을 한다는 것이다. "만약 (인륜적으로 형성된) 모든 선(Güter)이 주어져 있다면 여기에는 모든 덕과 의무도 함께 주어져 있다. 만약 모든 덕이 주어져 있으면 모든 선과 의무가 함께 주어져 있으며, 모든 의무가 주어져 있으면 모든 덕과 선이 함께 주어져 있다."(E 221) 더 나아가 선론은 덕론과 의무론의 토대를 이룬다. 덕론과 의무론은 주로 윤리적 주체에 초점을 맞추는 반면 선론은 자연에 대한 이성의 행위에 집중하기 때문이다. 선론에서는 자연을 인륜적으로 변화시키는 주관적 측면과 이성에 의해 변화되는 객관적 측면이 동시에 다루어진다. 따라서 덕론과 의무론은 독자적이라기보다 선론과의 연관에서 비로소 타당성을 갖는다. 이 두 윤리학적 분과에는 최고선과 정신적 가치의 총화를 구성해야 할 과제가 부과되어 있다.

슐라이어마허는 한편으로 윤리학을 세 분과로 나누어 설명하며 다른 한편으로는 선론을 중심으로 행위 영역을 네 축으로 구분한다. 그의 행위이론에 의하면 자연에 대한 이성의 행위는 우선 조직적(organisierend) 행위와 상징적(symbolisierend) 행위로 구별된다. 조직적 행위는 자연과 관계하는 이성이 자연을 조직하고 형성하는 행위이다. 자연은 이성의 행위에 의해 단순히 주어져 있는 자연으로부터 이성의 질서를 부여받은 자연으로 변한다. 이성은 자연을 변화시킴으로써 자연스럽게 자연을 지배하는데, 이성의 지배를 받는 자연은 이성의 기관(Organ)과 다르지 않다. "전체 자연이 이성을 통해 이성의 기관이 됨으로써 윤리적 과정은 완성된다."(E 19) 이러한 이성의 활동성은 조직적이다. 상징적 행위는 이성과 자연의 통합이 인식으로 귀결되는 행위이며 이는 "인식을 자연으로 투입하는 것"(E 19)이기도 하다. 상징적 행위에서는 이성과 자연의 통합이 상징을 통해 인식에 도달하며, 이성이 자연을 이성적으로 파악한다. 아주 일반화시켜 말하자면 조직적 행위는 '실천'에 해당하며, 상징적 행위는 '이론'에 해당한다. "기관은 이성의 행위를 위한 통과점으로서의 자연이며, 상징은 이성과 함께 이성 가운데 머무는 자연이다."(E 235)

다음으로 이성의 행위는 개인적(individuell) 행위방식과 동일적(identisch) 행위방식으로 구별된다. 자연에 대한 이성의 행위는 이 개념 자체가 함축하는 것처럼 논리적이고 합리적인 능력만을 지시한다기보다 인간의 총체적인 활동성을 지시한다. 총체적인 활동성에는 개인마다 다르게 나타나는 차이성의 활동성과 보편적이고 동일한 활동성이 함께 들어 있다. 이성의 개인적 활동성이라는 어법은 이성에 대한 일반적인 어법에서는 쉽게 발견되지 않는다. 인간의 총체적 활동성을 지시하는 슐라이어마허의 이성 개념은 논리적 연관에 국한되지 않으며 심정의 영역까지 포괄하므로, 이성의 연관에는 보편성 뿐 아니라 개성과 차이성도 포함된다. 이성의 행위는 보편적 행위와 특수적 행위 내지 개인적 행위로 구별된다. 여기서 이성행위의 네 가지 축(Quadrupel)이 드러난다. 조직과 상징(인식), 보편과 특수(개별)가 그것이다. 슐라이어마허는 이 네 축에 상응하는 인륜체에 대해 언급한다. 보편적인 조직행위는 국가로, 개인적인 조직행위는 가족과 자유로운 교제관계(freie Geselligkeit)로 구체화되며, 보편적인 인식행위는 학문으로, 개인적인 인식행위는 예술과 종교(교회)로 구체화된다. 이것은 자연에 대한 이성의 행위가 만들어내는 사회적, 문화적 인륜체이다.

자연에 대한 이성의 동일적 조직화는 노동과 교환으로 나타나며 그 일반적인 모습은 경제와 법에서 확인된다. 동일적 조직화를 수행하는 인륜체는 국가이다. 자연에 대한 이성의 개인적 조직화는 개인의 특수한 욕구와 관련되어 있다. 개인의 소유와 교우관계 등에서 보이는 개인적 조직화는 인간의 행위를 자유롭게 전개시키는 토대이다. 개인적 조직화를 수행하는 인륜체는 자유로운 교제관계 내지 사적인 사회이다. 자연에 대한 이성의 행위를 동일하게 상징화하는 것은 사고와 언어를 동일하게 기술하는 영역에서 나타난다. 이를 수행하는 인륜체는 학문 공동체인 대학과 아카데미이다. 이에 반해 자연에 대한 이성의 행위를 개인적으로 상징화하는 것은 개인의 내적 자극과 감정을 기술하는 영역에서 나타난다. 감정이나 자의식은 예술과 종교로 표현되는데, 이러한 개인적 상징화를 수행하는 인륜체는 교회이다. 교회는 개인적인 경건의식을 교호적으로 전달함으로써 이루어지는 인륜체이다.

가족, 자유로운 교제, 국가, 예술, 종교, 학문은 인간의 실제적인 윤리 영역이다. 이 중에서 특히 가족은 모든 인륜적 형식에 선행하며 그 단초를 이룬다. "가족은 네 개의 모든 상대적인 영역들의 맹아를 포함한다."(E 33) 가족은 국가, 자유로운 교제, 학문, 예술, 종교가 형성되는 토대이다. 더 나아가 "가족은 생동적인 전체로서 지금까지 무규정적으로 드러난 모든 것을 위한 제약의 원리를 포함하는 것이 아니라 생동적인 결합점을 포함한다. 이 결합점이 없는 모든 시작은 전적으로 임의적인 것이 된다. 왜냐하면 인륜적 시작은 시간과 공간에 의해서가 아니라 오로지 내적 근거에 의해서만 규정될 수 있기 때문이다."(E 86) 이런 점에서 "가족은 가장 훌륭하게 형성된 우주의 토대이며 가장 믿을 만한 우주의 형상일 수 있다."[40]

슐라이어마허에서 모든 윤리적 공간은 그 자체로 독자성을 지니며 서로 병렬적으로 관계한다. 특히 국가의 지위는 예컨대 헤겔의 경우와 달리 다른 영역과 대등한 관계에 있다. 효과적인 자연지배의 과정에서 국가가 다른 영역보다 특별히 높은 역할을 감당하는 것은 아니다. 예컨대 가족과 자유로운 교제관계와 국가는 각각 고유한 방식으로 자연을 지배하는 독자적 주체이므로, 이들 간에 상하관계나 우열관계는 존재하지 않는다. 이성으로 자연을 지배하는 조직적 활동성과 자연을 이성의 기호로 삼는 상징적 활동성은 서로를 전제한다. 각각의 인륜체는 독자성을 유지하는 가운데 교호적으로 관계함으로써 공동의 이념을 추구한다. 이런 맥락에서 슐라이어마허의 윤리학은 다른 윤리학에 비해 개인성과 차이성을 상대적으로 더 중시하는 이론으로 드러난다. 그러나 그것은 개인성을 강조하면서도 개인성과 공동성의 변증법적 균형을 포기하지 않는다.

---

40) Schleiermacher, 『종교론』, 기독교서회, 2002, 191쪽.

이제 윤리적 과제의 완성은 네 측면으로 진행되는 이성적 활동성의 극대화에서 찾아진다. 이것은 내적 자연과 외적 자연이 이성에 의해 인륜적 모습을 갖추는 데서 나타나며 이성이 자연으로 변하는 데서도 나타난다. 말하자면 이성과 자연의 구별이 없어지고 이 둘이 동일화될 때 윤리적 과정은 완성되는 것이다. 자연이 이성의 기관과 상징이 될 때 자연은 여분 없이 이성으로 변한다. 그러나 이러한 과정은 네 방향으로 진행되는 이성적 활동성이 교호적으로 관계할 때 비로소 이루어진다. 국가와 자유로운 교제가 교호적으로 관계하며 학문, 예술, 종교가 교호적으로 관계할 때, 더 나아가 네 축의 인륜태가 어느 한쪽으로 수렴되지 않고 각각의 독자성을 유지하는 가운데 교호적으로 관계할 때 윤리적 과정은 완성된다.

슐라이어마허의 윤리학은 당시의 윤리학 논의에서 독특한 위치를 차지한다. 그것은 우선 칸트와 피히테의 당위윤리학과 구별되며 이를 비판하는 헤겔의 윤리학에 가깝다. 당위윤리학에 맞서는 슐라이어마허의 주장은 다음의 몇 가지로 요약된다.[41] 첫째, 윤리적인 것은 단순히 당위적인 것이나 현실적인 것이 아니라 현실적인 행위의 총체이다. 사람들은 이러한 현실적 행위를 통해 자신만의 세계를 형성한다. 둘째, 윤리적인

---

41) G. Scholtz, *Die Philosophie Schleiermachers*, Darmstadt, 1984, 119쪽 참조.

것은 칸트가 주장하는 바와 달리 통제하고 제약하는 법칙이 아니라 생산적인 힘이다. 새로운 세계와 새로운 인간은 이 힘에 의해 형성된다. 셋째, 개별적인 주체성과 특수성은 도덕법칙의 보편타당성을 손상시키기 때문에 배제되어야 할 것이 아니라, 도덕과 인륜의 본질적인 내용을 구성하는 요소로 받아들여져야 한다. 따라서 슐라이어마허의 윤리학은 개인의 행위를 위한 규칙부여에 그치지 않고 이성적으로 조직된 인간성의 형상(Bild)을 드러내 보이는 데까지 나아간다.

당위윤리학에 맞서는 슐라이어마허 윤리학의 요체는 개인의 행위가 보편적인 도덕법칙에 맞서지 않고 객관적인 이성의 전개에 적극적으로 기여한다는 데 있다. 이러한 생각은 헤겔의 인륜성 개념과 흡사하다. 인륜적 공동체의 형식에서는 의무와 경향의 대립이나, 보편적 이성과 개별적 의지의 대립이 존재하지 않는다. 기존의 일반적인 현실이 개인의 행위를 제약함에도 개인의 행위는 보편적 이성을 적극적으로 구현할 수 있다. 현실 제약적인 개인의 이성은 기존의 현실을 새로운 현실로 바꿀 수 있는 것이다. 중요한 것은 자연적 세계가 개인적 이성과 보편적 이성의 변증법적 상호관계에 의해 인륜적 세계로 변화된다는 데 있다.

이런 점에서 슐라이어마허의 윤리학은 자연과 이성을 구별하지 않는다는 비판을 받기도 한다. 윤리적인 기준은 초월적인 것이어야 함에도 불구하고 슐라이어마허의 윤리학은 초월과 현실의 변증법적 관계를 강조하면서 이 둘을 구별하지 않는 일종의 자연주의에 빠졌다는 것이다. 자연에 대한 이성의 행위가 산출하는 가치만을 지향하는 선론(善論) 중심의 윤리학에서는 이성의 의무와 덕에 대한 논의가 상대적으로 약하다. 이런 맥락에서 그의 윤리학은 정언명법을 강조하는 좁은 의미의 윤리학이라기보다 문화철학이나 역사철학이라는 주장이 설득력을 얻는다.

슐라이어마허 윤리학은 근대 세계를 독특하게 파악한다. 이 점은 그가 아리스토텔레스의 실천철학으로부터 한 걸음 더 나아가 근대 세계에 걸맞은 윤리적 체계를 구성한 데서 잘 드러난다. 슐라이어마허는 고대의 신분사회를 해체하고 그 자리에 자유로운 인륜성의 형식을 위치시킨다. 가족, 국가, 자유로운 교제관계, 대학, 교회 등으로 구별되는 공동체의 형식은 인간의 자유로운 이성행위의 결과로서 진일보한 근대 사회의 모습을 대변한다. 윤리학은 다양하게 분화하는 이성의 행위를 정당화하며 인간의 개인적이고 공동체적인 본질의 전개를 보증한다. 근대 세계는 이러한 분화와 전개를 인정하는 세계이며, 인간의 자유는 이러한 문화적 진보에서 확인된다. 여기서 근대적 세계상을 낙관적으로 바라보는 슐라이어마허의 관점이 드러나는데, 이것은 그의 윤리학의 특징과 한계로 평가되기도 한다.

슐라이어마허는 한편으로 계급사회를 비판하고 시민사회를 적극적으로 구성하려고 하지만, 다른 한편으로 근대의 노동 분업적 사회를 비판한다. 인간은 자율적인 이성의 행위를 통해 그때마다 새로운 문화 영역을 창출해야 하지만 이미 형성된 개별 영역에 갇힐 수도 있다. 특히 직업활동과 관련해서 인간은 늘 새롭게 분화되는 직업 영역에 불가피하게 종속될 수 있다는 것이다. 여기서 슐라이어마허는 '전인적 인간'을 강조한다. 인간은 근대 사회의 분화와 더불어 불가피하게 부분적인 세계에 귀속될 수밖에 없는 상황에 처하지만, 그럼에도 인간은 네 축으로 전개되는 공동체와 적극적으로 관계함으로써 그때마다 자신의 개인적이고 공동체적인 소질을 확인하고 정당화해야 한다. 그렇지 않는 한 개인은 근대적 합리성의 노예로 전락할 수 있으며 자신의 고유성을 상실할 수 있다. 이것이 슐라이어마허가 보여주는 '인문주의(Humanität)적 관점'이다.[42]

슐라이어마허의 윤리학에서 가장 독창적인 주장으로 주목받는 부분은 자유로운 교제이론이다. 이것은 초기 저술인 『교

---

[42] H. -J. Birkner, *Schleiermachers christliche Sittenlehre im Zusammenhang seines philosophisch-theologischen Systems*, Berlin 1964; W. Gräb, *Humanität und Christentumsgeschichte*, Göttingen 1980; G. Scholtz, 같은 책, 122쪽 참조

제적 행위에 관한 시론 *Versuch einer Theorie des geselligen Betragens*』의 연장선상에 있다. 교제적 행위는 개인의 사고와 느낌을 외적인 조건과 상관없이 자유롭게 교환하는 심미적인 것이며 "목적과 무관한 자유로운 상호작용"43)이다. 사회학적으로 본다면 이것은 노동세계와 병행하는 개인의 여가공간이다. 이것은 특수한 계층만이 특권을 누리는 귀족사회에서 개인이 자유를 누리는 시민사회로의 이행을 규정하는 틀이기도 하다. 교제적 행위에서는 개인의 개인성이 그 자체로 인정받기 때문에 개인은 이를 통해 자유를 누린다. 중요한 것은 어떠한 목적에도 제약되지 않는 개인성의 전개와 확장이다. 자유로운 교제는 개인성의 전개라는 측면에서 진정한 자유의 개념과 통한다. 이런 맥락에서 교제적 행위는 사회적 노동관계에서 발생하는 계층의 구별과 대립을 해소하거나 보완하는 데까지 나아갈 수 있다. 자유로운 교제는 시민사회의 자유를 새롭게 형성할 수 있는 것이다.

슐라이어마허의 자유로운 교제는 개인의 자유에서 출발하기 때문에 국가의 간섭을 벗어나 있다. 자유로운 교제는 개인의 차원에서 출발하지만 개인들 사이의 상호작용으로 이어진다. 여기에는 외적인 목적의 전제 없이 개인의 취향과 다른

---

43) N. Luhmann, *Gesellschaftsstruktur und Semantik. Studien zur Wissenssoziologie der modernen Gesellschaft*, Bd. 1, Frankfurt/M., ²1998, 158쪽.

사람의 그것이 하나로 통합될 수 있다. 개인의 취향이 존중되는 가운데 개인들 간의 유대가 형성되는 것은 '살롱문화(Salonkultur)'를 가능하게 한다. 여기서는 소유와 화폐와 노동 대신 새롭게 도야된 개인들 간의 상호전달이 중요하다. 자유로운 교제는 욕구들의 체계로 규정되는 시민사회를 가능하게 한다기보다 도야된 개인들의 유대로 이루어지는 문화 공동체를 가능하게 한다.

개인적 조직화를 대변하는 자유로운 교제는 다른 인륜적 형식들과 밀접하게 관계한다. 인륜적 형식들 간의 변증법적 관계는 헤겔의 경우에서도 동일하게 나타나지만, 슐라이어마허의 윤리학은 모든 것을 국가로 수렴시키는 헤겔의 법철학과 구별된다. 자유로운 교제는 사적인 영역에서 경제와 교육과 같은 공적인 영역으로 확대되는 경우 국가에 귀속된다. 그러나 자유로운 교제가 국가의 테두리를 벗어나는 경우는 어렵지 않게 발견된다. 개인의 다양한 문화적 활동성은 국가보다 시민사회의 사적인 영역으로 귀속될 때가 많은데, 그것은 학문, 예술, 종교의 경우에 두드러진다. 특히 예술과 종교 및 그와 연관된 예술 단체와 종교 공동체는 개인적 상징화에서 나오기 때문에 자유로운 교제에 귀속되는 것이 온당하다. 학문, 예술, 종교는 국가의 범주를 벗어나며 그것에 상응하는 공동체도 원칙적으로 그 통제를 벗어나 있어야 한다. 이들은 국민국가의 통제 영역을 넘어서 있는 보편적인 차원 내지 세계시민적 공간이기 때문이다. 학문, 예술, 종교는 인간의 내면을 새롭게 형성하고 도야한다는 측면에서 새로운 문화형성의 요소로 파악되므로, 새로운 문화형성은 국가의 일이라기보다 자유로운 교제의 조건이다. 이런 맥락에서 슐라이어마허는 전통적인 의미의 국가보다 '문화국가'를 지향한다.

해석학44)

슐라이어마허는 1805년부터 여러 차례에 걸쳐 '해석학' 강의를 했다. 1814년 여름학기 강의는 철학부에서 이루어졌지만 1809/10년, 1819년, 1832/33년 강의 등 그 밖의 모든 해석학 강의는 신학전공 학생들 앞에서 이루어졌다. 그러나 그의 해석학 강의는 신학은 물론이고 철학에서 많은 영향을 끼쳤다. 그의 해석학은 많은 비판적 논의를 불러일으켰음에도 불구하고 현대 해석학의 전통에서 지금까지 부동의 위치를 차지하고 있다. '학문으로서의 해석학'으로 규정될 수 있는 그의 '보편 해석학' 기획은 1809/10년 강의에서 시작된다. 슐라

---

44) F. D. E. Schleiermacher, *Hermeneutik und Kritik*, hrsg. von Manfred Frank, Frankfurt/M., 1977(최신한 옮김, 『해석학과 비평』, 철학과현실사, 2000). 이하 이 책의 인용은 한국어판 쪽수를 본문에 직접 표기한다.

이어마허는 '해석기술의 일반 원칙'을 다룬 이 강의를 교과서로 펴낼 생각이었으나 불행하게도 원고가 분실되는 바람에 뜻을 이루지 못했다. 슐라이어마허는 그 후에도 '해석학'을 책으로 출간하려고 했으나 강의시간의 기발한 착상을 문자로 고정시키는 데 실패했다. 독자들은 해석학에 관한 그의 육성을 오로지 두 편의 학술원 강연과 『신학연구입문』의 '해석학 부분'을 통해서만 접할 수 있다. 그 밖의 해석학 관련 텍스트들은 유고이거나 제자들이 남긴 강의노트뿐이다.

해석학에 대한 슐라이어마허의 관심은 한편으로 플라톤 전집의 번역과 관련되어 있으며 다른 한편으로 『신학연구입문』에서 언급한 주석신학의 연구와 관련되어 있다. 해석학은 "주석신학의 본래적인 중심점"[45]이다. 문헌해석학과 성서해석학에 대한 반성이 새로운 해석학을 위한 단초가 된 것이다. 당시의 해석학은 통일적인 학문적 토대를 갖지 못한 채 다양한 경험적 관찰에 의존하고 있었는데, 슐라이어마허는 이를 비판적으로 극복하려고 했다. 여기에는 언어를 세계의 기관으로 파악하는 헤르더의 언어관과 슐레겔의 '문헌학의 철학'이 연구의 선행조건으로 마련되어 있었다. 해석학의 보편성은 당시

---

[45] F. D. E. Schleiermacher, *Kurze Darstellung des theologischen Studiums zum Behuf einleitender Vorlesungen*, hrsg. von Heinrich Scholz, Darmstadt, ⁵1982, § 138 (=KD).

의 언어이론과 문헌학의 연관에서 보다 용이하게 추구될 수 있었다. 요컨대 슐라이어마허는 당시의 계몽주의 해석학을 혁신함으로써 자기 고유의 '학문적 해석학'을 정립하려고 하는데, 이것은 초기 낭만주의와 관념론의 도움을 통해 구체화된다.

슐라이어마허는 '텍스트 해석학'으로 정립된 계몽주의 해석학을 더욱 발전시킨다. 텍스트 해석학은 역사적·비평적 주석의 실제(Praxis)이다. 여기서 해석학은 이론이라기보다 언어적인 기호를 해독하는 해석의 실제이다. 그러나 슐라이어마허는 계몽주의 해석학에서 경계가 모호했던 해석 실제의 세 요소들을 명확히 구별하고 해석학의 과제를 분명히 한다. '설명의 기술(subtilitas explicandi)', '적용(subtilitas applicandi)', '이해의 기술(subtilitas intelligendi)'을 구별하면서 해석학에는 오로지 이해의 기술만을 귀속시킨다. 설명의 기술과 적용은 이해의 기술과 무관하게 된 것이다. 슐라이어마허에게 해석학은 이제 말이나 글의 완전한 이해를 추구하는 기술론(Kunstlehre)이 된다. 이해의 기술론은 더 이상 이해 대상의 특수성에 영향을 받지 않는다. 성서해석학이 해석학에서 특수한 지위를 갖지 못하며, 모든 텍스트가 동등한 위상을 차지한다. 이것은 해석학의 학문성과 보편성을 보증한다. 슐라이어마허가 세운 불멸의 공은 해석학을, 이해 대상에 따라 상이한 기술을 요구하는 특수해석학의 지평으로부터 이해 대상과 상관없이 동일한 기술을 요구하는 보편해석학의 지평으로 올려놓았다는 데 있다.

슐라이어마허는 해석학이 처해 있는 당시의 상황을 규정하면서 자신의 논의를 시작한다. "이해의 기술인 해석학은 아직 보편적으로 존재하지 않으며 다만 다수의 특수해석학이 있을 뿐이다."(17) "특수해석학은 장르나 언어에 따라서 볼 때 늘 관찰들의 집합에 불과하며 아무런 학문적 요구도 충족시키지 못한다. 이해의 작업이 처음에는 규칙에 대한 숙고 없이 이루어지다가 개별적인 경우에만 규칙으로 도피하는 것도 불균형적인 방법이다."(18 이하) 보편해석학은 학문적 요구를 충족시켜야 하며 모든 경우에 이해의 기술이 동일하게 적용될 수 있는 균형적 방법이어야 한다. 해석학은 경험보다 원칙에 입각해야 하며 이해 대상과 경우의 특수성과 무관하게 적용되는 기술이어야 한다. 따라서 학문적 해석학은 이해가 난관에 부딪힐 때만 적용되는 기술을 모색하는 대신, 모든 경우에 "오로지 오해가 생겨나고 이해가 모든 점에서 의욕되고 추구되어야 하는 사실로부터 출발한다."(41)

해석학은 기술에 부합한 이해의 기술로서 항상 이미 구성되어 있는 말과 글을 전제한다. 사람들은 자신의 생각을 잘 구성하고 이를 다른 사람에게 정확하게 전달하는 기술이 전제될 때 비로소 전달된 생각을 재구성할 수 있다. 이해는 이미 구성된 말에 대한 재구성이다. 말을 이해하는 기술(해석학)은 생각을 구성하고 전달하는 기술(수사학)을 요구한다. 여기서 말과 생각의 연관이 드러난다. 쉽게 구별되는 것으로 보이는 이 둘이 실제로는 서로 뗄 수 없을 정도로 깊이 연관되어 있다. "말은 이미 주어져 있는 언어를 전제하며, …… 모든 말은 이전의 사고에 기인한다."(21) 말은 언어와 사고의 교차점이다. 사고는 내적인 말을 통해 형성되는 반면 말은 외적으로 고정된 사고이다. 따라서 말의 이해를 목적으로 하는 해석학은 말 가운데 용해되어 있는 언어의 측면과 사고의 측면을 세밀하게 다루어야 한다. 이것은 슐라이어마허가 해석의 방법을 '문법적 해석'과 '심리적 해석'으로 나누는 준거가 된다.

말을 둘러싸고 언어와 사고가 교차한다면 이들과 관련된 분과들도 필연적으로 상호 관련된다. "말은 사고의 공동성을 위한 매개이며, 이로부터 수사학과 해석학의 공속성(共屬性) 및 이 둘의 변증법에 대한 공동의 관계가 설명된다."(19) 말하는 기술인 수사학은 이해하는 기술인 해석학에 상응하며 대립한다. 왜냐하면 "이해의 모든 행위는 말의 행위의 전도(顚倒)"이기 때문이다. 더 나아가 수사학과 해석학은 변증법에 관계하는데, 이는 말을 구성하는 수사학이든 구성된 말을 재구성하는 해석학이든 똑같이 새로운 지식을 형성하기 때문이다. 슐라이어마허에게 변증법은 '지식의 통일성에 관한 학문'

이다. 지식은 사고의 활동성 없이 성립될 수 없으며 말은 사고가 외적으로 나타난 것이라면, 지식학인 변증법은 말을 구성하는 수사학은 물론이고 구성된 말을 이해하는 해석학과 밀접하게 관련되어 있는 것이다.

슐라이어마허에게 고유한 모습으로 나타나는 해석학과 변증법의 관계는 상보적이다. 해석학과 변증법의 상보적 관계는 슐라이어마허가 사고와 언어를 수렴관계로 보지 않고 보완관계로 파악하는 데 근거한다. 이것은 언어를 사고에 종속시키는 사변철학의 입장과 근본적으로 구별된다. 앞에서 언급했듯이 언어는 사고의 실제적인 존재방식이며, 언어 없는 사고는 불가능하다. 이른바 '언어적 사고'가 문제시되는 한 해석학과 변증법의 관계는 필연적이다.

해석학과 변증법은 서로가 서로를 보완하면서 지식의 이념에 근접한다. 두 분과의 상보성은 궁극적으로 통일적인 지식과 지식의 이념을 지향하는 것이다. '대화수행의 기술'인 변증법은 사유의 차이를 극복하려고 하며, '이해의 기술'인 해석학은 언어의 차이를 지양하려고 한다. 전자는 사유의 동일성을 의도하며 후자는 언어의 동일성을 추구한다. 더 정확하게 말하면 변증법은 대화를 통해 사유의 차이성을 극복하고 그 동일성에 이르려고 하며, 해석학은 개별적으로 구성된 말을 재구성함으로써 구성의 언어(화자와 저자의 언어)와 재구성의 언어(청자와 독자의 언어) 간의 동일성을 찾으려고 한다. 이 둘의 관계를 설명하는 슐라이어마허의 대표적인 언명은 다음의 인용문에 잘 나타나 있다. "개인의 비합리성은 오로지 언어의 통일성을 통해 상쇄될 수 있으며, 언어의 비합리성은 오로지 이성의 통일성을 통해 조정될 수 있다."(DF 360)

개인의 비합리성은 개인의 사고가 다른 사람의 사고와 다른 경우를 지시한다. 개인적 사고의 비합리성은 개인만의 언어에서 유래한다. 개인의 비합리성이 합리성으로 이행하려면 개인만의 언어가 다른 사람의 언어와 만나는 대화를 거쳐야 한다. 지식의 통일성의 학인 변증법이 대화수행의 기술로 정의되는 것은 이런 맥락에서 이해된다. 성공적인 대화는 사고의 비합리성을 합리성으로 바꾸며 사고의 차이를 동일성으로 이행하게 한다. 이렇게 본다면 변증법은 개인의 비합리성을 대화를 통해 해소하는 기술이다. 사고의 차이는 언어의 동일성을 통해 극복되므로, 변증법은 "사고를 언어로 해소하는 것이다."(DF 361)

언어의 비합리성은 상이한 언어와 상이한 사고에서 나온다. 상이한 언어는 특수한 언어 영역에서 나오며 개인의 독특한 언어사용에서 나온다. 서로 상이한 언어들 간에는 공통성이 결여되어 있다. 이해의 기술은 바로 이러한 언어의 비합리성을 극복하기 위해 마련된 것이다. 구성된 말을 이해하는 재구성은 구성된 말의 개별성에서 나오는 언어의 비합리성을 합리성으로 바꾸는 작업이다. 비이해는 언어의 비합리성을 지시하는 반면 이해는 동일한 사고를 지시한다. 결국 "해석기술과 번역기술은 언어를 사고로 해소하는 것이다."(DF 361) "언어는 사고를 통해서만 존재하며, 사고는 언어를 통해서만 존재한다. 언어와 사고는 오로지 서로를 통해서만 완성될 수 있다."(DF 361)

해석학은 변증법에 관계할 뿐 아니라 윤리학 및 물리학에도 관계한다. "모든 말은 이 말이 속하는 역사적인 총체적 삶에 대한 지식이나, 이 지식과 관계하는 역사에 대한 지식을 통해 이해될 수 있다. 그러나 역사학은 윤리학이다. 이제 언어는 또한 자연적 측면을 갖는다. 인간 정신의 차이는 인간과 땅이 갖는 물리적인 것에 의해 제약된다. 따라서 해석학은 윤리학에 뿌리를 둘 뿐 아니라 물리학에도 그 근원을 둔다."(21) 해석학은 언어를 제약하는 삶과 역사에 대한 지식을 전제할 뿐 아니라 이해주체의 정신을 제약하는 자연에 대한 지식을 전제한다. 이해는 인간 삶의 역사와 자연의 역사와 무관하게 일어날 수 없는 것이다. 특히 행위이론을 다루는 『윤리학』의 관점에서는 이해를 통해 이루어지는 의사소통이나 의사소통에 의해 형성되는 '인식 공동체'가 모두 윤리적인 과정으로 파악된다. 자연에 대한 이성의 행위는 이 둘의 완전한 일치를 지향하는데, 의사소통이나 의사소통 공동체는 이러한 과정의 중요한 계기를 이룬다.

이 밖에도 해석학은 언어학(Sprachkunde)과 비평(Kritik)에 제약되며 이 둘의 조작에 결정적인 영향을 끼친다.(KD, § 138) 또한 "해석학은 비평과 공속하는 것처럼 문법과도 공속한다. 이 세 가지가 없이는 지식의 전달이나 지식의 고수가 없다. …… 해석학과 문법의 공속성은 모든 말이 오로지 언어이해의 전제 하에서 파악된다는 사실에 기인한다. …… 해석학은 사고의 내용에 이르러야 하지만 사고내용은 오로지 언어를 통해서만 실제하기 때문에, 해석학은 언어에 관한 지식인 문법에 기인한다."(20) 또한 올바른 사고는 올바른 언표를 지향하므로 해석학과 문법과 비평은 모두 변증법에 관계하며 더 나아가 윤리학에 관계한다. 여기서 분명해지는 것은 학문의 각 분과가 갖는 특성이다. 슐라이어마허는 해석학을 '이해의 기술'로 규정하며 '기술적 분과(technisches Disziplin)'로 명명한다.(E, § 189) 일반적으로 기술적 분과는 사변적 분과와 경험적 분과 사이에 위치하는데, 해석학이 변증법 및 윤리학과 관계한다는 사실은 그것이 기술적 분과에 그치는 것이 아니라 궁극적으로 사변적 분과를 지향한다는 것을 보여준다. 이해는 단편적인 것으로 종결되는 것이 아니라 종합적이고 체계적인 지식을 지향한다. 해석학도 지식과 역사의 이념을 목표로 한다.

슐라이어마허는 이해의 기술을 두 가지의 방법으로 분류한다. 슐라이어마허의 해석학에서 가장 잘 알려져 있는 이 두 가지 해석방법은 '문법적 해석'과 '기술적 해석' 내지 '심리적 해석'이다. 이 두 해석방법은 말과 글의 두 차원에서 유래한다. 이해의 대상으로 주어져 있는 말은 한편으로는 보편적인 언어체계에 속하며, 다른 한편으로는 화자와 저자의 고유한 정신적 사실을 지시한다. 이미 주어져 있는 언어 공동체의 말은 보편적인 언어로서 화자와 저자의 고유한 언어사용을 제한한다. 그러나 화자와 저자의 생각과 이에 따른 언어 선택과 의미 부여는 기존의 언어에 직접적인 영향을 끼친다. 언어 공동체의 보편적인 언어체계와 언어 사용자의 개별언어는 보편과 특수의 관계와 같이 교차한다.

"모든 말이 언어의 총체성과 이 언어를 처음으로 사용한 사람의 총체적 사고에 이중적으로 관계하는 것같이, 모든 이해도 말을 언어에서 도출된 것으로 이해하는 계기와 이를 사고하는 사람의 사실로 이해하는 두 계기로 구성되어 있다."(21) 말은 한편으로 '언어 기호'로 이해되어야 하며, 다른 한편으로 '정신의 사실'로 이해되어야 한다. 전자는 문법적 해석의 대상이며, 후자는 기술적·심리적 해석의 대상이다. 문법적 해석은 객관적으로 주어져 있는 언어의 관점에 근거하는 역사적·객관적 해석인 반면, 기술적 해석은 언어 사용자의 내면적 관점에 근거하는 예료적·주관적 해석이다. 이러한 분류법은 나중에 '비교적(komparativ) 해석'과 '예감적·예료적(豫料的, divinatorisch) 해석'으로 구별되기도 한다.

문법적 해석은 언어에 대한 지식을 요구한다. 여기서는 저자와 독자가 사용하는 언어의 동일성이 관건이 된다. 이해 대상과 이해주체가 공통적으로 사용하는 언어에 대한 이해가 중요한 것이다. 문법적 해석의 대상이 되는 언어는 객관적으로 주어져 있는 것이며 역사적으로 형성되어진 것이다. 여기서 문법적 해석의 제1규준이 나온다. "주어진 말 가운데서 보다 상세한 규정을 필요로 하는 모든 것은 저자와 그의 원초적 청자에게 공동적인 언어 영역으로부터만 규정될 수 있다." (51) 공동의 언어 영역이 마련된 다음에는 텍스트를 구성하는 각 부분들의 의미와 뜻을 밝혀야 하며, 이를 위해 사전이론, 문장론, 언어사(言語史)이론 등이 동원되기도 한다. 이런 점에서 슐라이어마허의 문법적 해석은 당시의 '역사적·비평적 방법'을 심화시킨 것이다. 이와 동시에 문장을 구성하는 요소들 간의 연관을 밝혀야 하는데, 여기서 문법적 해석의 제2규준이 나온다. "특정의 구절이 담고 있는 모든 말의 의미는 이 말을 둘러싸고 있는 다른 말과 이 말이 맺는 연관에 따라 규정되어야 한다."(71) 더 나아가 저자가 기존의 의미와 다른 의미로 새롭게 표현한 단어나 구절이 등장하면 이를 둘러싼 해석상의 난점을 최대한으로 줄이려는 노력이 요구된다. 새로운 표현은 기존의 표현이 저자의 새로운 사고를 담을 수 없을 때 불가피하게 등장한다. 이것은 언어의 객관성을 근간으로 하는 문법적 해석이 언어의 주관성을 추구하는 심리적 해석으로 넘어가는 계기를 이룬다.

심리적 해석은 저자에 대한 지식을 요구한다. 여기서는 저자의 정신과 삶과 시대가 관건이다. "모든 말은 항상 그 말이 속하는 전체의 삶으로부터만 이해되어야 한다. 즉, 모든 말은 화자의 모든 삶의 계기가 갖는 조건에서 오로지 그의 삶의 계기로만 인식될 수 있으며, 이 삶의 계기는 그의 발전과 존속을 규정하는 총체적인 주변 환경으로부터만 인식될 수 있으므로, 모든 화자는 그의 국적과 시대를 통해서 이해될 수 있을 뿐이다."(22) 텍스트에 용해되어 있는 저자의 고유한 삶의 계기는 작품의 내적 통일성과 주제와 문체로 나타난다. 여기서 작품의 통일성과 문체는 저자만의 특유성과 개성을 드러낸다. 심리적 해석의 주된 목표는 작품 속에 나타나 있는 저자의 개성을 파악하는 일이다. 저자의 개성은 주어와 술어를 새롭게 결합하는 데서 뿐만 아니라 대상을 새롭게 배열하는 데서 구체적으로 드러난다. 문체의 특유성은 저자가 수용하고 배제하는 저자만의 표상에서 유래한다. 학습되거나 습관화된

문체는 작위나 기교 이상이 아니다.

심리적 해석은 원래 기술적(기술에 부합한) 해석으로 불렸다가 나중에 심리적 해석으로 자리잡았다. 슐라이어마허는 심리적 해석을 다시 '심리적인 것'과 '기술적인 것'으로 나눈다. "심리적인 것은 개인의 총체적인 삶의 계기로부터 나오는 사상의 생성에 더 많이 관여하며, 기술적인 것은 계열을 전개시키는 규정적인 사고와 서술의욕으로 더 많이 환원된다. ······ 기술적인 것은 명상과 구성에 대한 이해이며, 심리적인 것은 착상에 대한 이해 ······ 및 보조 사상의 이해"(158)이다. '심리적 해석과제'는 작품의 전체적인 근본 사상을 이해하는 동시에 작품의 개별 부분들을 저자의 삶으로부터 파악하는 데 있다. 여기서 중요한 것은 작품의 생성계기 내지 저자의 처음 결심(Keimentschluß)을 파악하는 일이다. 해석자는 맹아적 결심이 저자의 어떤 삶의 상황과 관련이 있으며 총체적인 삶과는 어떤 연관을 지니는지 물어야 한다. '기술적 해석과제'는 저자의 처음 결심으로부터 전체의 글이 전개되는 과정을 파악하는 데 있다. 여기서는 명상(Meditation)과 구성(Komposition)에 대한 이해가 중요하다. 명상은 내적인 생각의 전개를 의미하는 것으로서 그 대상은 "거의 불투명하고 오로지 상황에 기인하는 것으로 보이는 것"(195)이다. 구성은 처음 결심으로부터 전개되는 저자의 의지와 사고의 활동성을 추적하는

데, 이것은 "전체에 대한 개별자의 결합"(159)으로 나타난다. 모호하고 임의적으로 등장하는 맹아적 결심의 전체를 개별화하고 구체화하는 것이 구성이다

슐라이어마허는 해석의 방법을 비교적 방법과 예감적·예료적 방법으로 구별하기도 한다.『해석학과 비평』에서는 이 둘이 '심리적 해석' 부분에서 다루어지지만, 비교적 방법은 문법적 해석에 치중하며, 예료적 방법은 심리적 해석에 치중한다. 예료적 해석은 "사람들이 자기 자신을 이른바 타자로 변화시키면서 개성적인 것을 직접적으로 파악하려고 하는 방법"인 반면, "비교적 해석은 이해되어야 하는 것을 먼저 보편자로 정립한 다음, 이것을 똑같은 보편자 가운데서 파악되는 다른 존재와 비교함으로써 독특한 존재를 발견"(141)하는 방법이다. 예료적 방법은 직관적인 의미와 연관을 파악한다면, 비교적 방법은 애매한 구절을 이미 확정된 의미와 비교함으로써 이를 분명하게 한다. 예료적 방법은 해석자의 고유한 생각에 근거하는 반면, 비교적 방법은 이미 확정되어 있는 문헌학적·역사적 의미에 근거한다. 이런 점에서 예료적 방법은 심리적 해석에 치중하는 반면 비교적 방법은 문법적 해석에 치중한다.

그러나 문법적 해석과 심리적 해석이 상호 뗄 수 없는 관계에 있듯이 예료적 방법과 비교적 방법도 서로 깊이 연관되

어 있다. 예료는 비교를 요구하며, 비교는 예료를 요구한다. 그렇지 않는 한 비교는 무한소급에 빠지며 예료는 확실성을 상실한다. 비교는 비교 대상을 설정하는 작업의 무한소급에 빠지지 않기 위해서 예료를 요구하며, 예료는 환상적인 것으로 전락하지 않기 위해서 비교를 요구한다. 특히 "예료는 자기와의 비교를 통해 생겨난다", "모든 사람은 자기 안에 모든 사람에 대한 최소치를 지니고 있다."(141) 결국 예료(특수)와 비교(보편)는 서로에게로 삼투해 들어가야 한다.

이러한 해석방법의 교차는 다음의 정식에 잘 나타나 있다. 해석기술은 "주어진 말에 대한 역사적·예료적 재구성이며 객관적·주관적 재구성이다."(42) 이 정식은 다시금 객관적·역사적 재구성, 객관적·예료적 재구성, 주관적·역사적 재구성, 주관적·예료적 재구성으로 교차한다. 객관적·역사적 재구성에서는 이해의 대상인 말을 언어총체성 가운데 정립하는 일이 중요하며, 객관적·예료적 재구성에서는 말이 객관적인 언어를 위한 발전점이 되는지를 예감하는 일이 관건이다. 주관적·역사적 재구성에서는 객관적인 언어가 심정 가운데 어떻게 주어져 있는가를 아는 일이 중요하며, 주관적·예료적 재구성에서는 말에 용해되어 있는 생각이 화자에게 어떻게 지속적으로 영향을 끼치는지 예감하는 일이 관건이다. 슐라이어마허는 이러한 해석의 다각적인 측면을 다음과 같이 종합적으로

정리한다. "말을 우선 저자가 이해한 것과 똑같이 이해하고 더 나아가 저자보다 더 잘 이해한다."(43)

여기서 해석과제의 무한성이라는 새로운 문제가 떠오른다. 해석은 결코 완결될 수 없으며, 그 이상을 향해 영원히 근접할 뿐이라는 것이다. 그 이유는 해석의 대상인 언어가 무한하며 개인의 사고와 직관도 무한하다는 데 있다. 더 나아가 완전한 언어지식이나 인간에 대한 완전한 지식이 해석에 앞서 주어질 수 없다. 이 둘이 전제될 수 없다면 해석은 그 목표에 무한히 근접할 뿐이다. 결국 모든 해석은 문헌학적·역사적 언어지식과 새로운 의미지평을 열어젖히는 예료를 잠정적으로 종합한 것에 불과하다.[46] 주관과 객관의 완전한 일치 내지 사고와 언어의 완전한 합동은 시공의 제약 속에 있는 인간의 손 안에 영원히 들어올 수 없을지 모른다. "모든 해석 작업에서 무규정자로부터 규정자로 이행하는 것은 무한한 과제"이다.(52)

해석과제가 완결되지 않고 무한하다는 사실은 '해석학적 순환'의 문제와 만난다. 슐라이어마허에서 해석학적 순환은 문법적 해석과 심리적 해석 내부에서 일어날 뿐 아니라 이 둘 사이의 관계에서도 나타난다. 완결된 해석이 불가능하므로 해

---

46) G. Scholtz, 같은 책, 149쪽 참조.

석 작업이 무한히 일어나야 한다는 주장은 해석의 이상을 향해 나아가는 이해의 과정이 해석학적 순환의 구조를 지닌다는 말과 같다. 슐라이어마허에게 일반적으로 적용되는 해석학적 순환은 부분과 전체의 순환이다. "저자의 어휘와 그 시대의 역사는 전체로부터 개별자인 저자의 글이 이해되어야 하고, 그것이 다시금 개별자로부터 이해되어야 하는 전체와 같이 관계한다. …… 보편자의 부분인 모든 특수자는 보편자로부터만 이해될 수 있고, 또 그 반대도 마찬가지이다."(44) 저자가 사용하는 언어는 전체 언어로부터 나오지만 전자는 후자를 새롭게 변모시키고 확장시킨다. 저자의 생각은 저자가 사는 시대조건에서 나오지만 그것은 새로운 시대를 가능하게 한다. 해석학적 순환은 나선형의 발전 내지 점근선적(漸近線的)인 전개를 지시한다.

해석학적 순환의 문제는 많은 함축을 갖는다. 특히 슐라이어마허 해석학의 의미와 한계를 둘러싸고 벌어지는 수많은 논쟁은 이 문제를 해석하는 방향에 따라 상이한 결론에 도달한다. 일반적으로 슐라이어마허의 해석학은 '동일성철학의 전제'를 갖고 있는 것으로 평가된다. 그것은 독자와 저자의 동일화와 구성의 재구성을 중시한다는 것이다. 슐라이어마허에 대한 비판은 바로 이 전제에서 출발한다. 그의 해석학은 동일성에 집착하기 때문에 이해의 역사성을 제대로 파악하지 못하며, 그 범위도 텍스트 해석학에 제한되기 때문에 존재 전체의 문제를 다룰 수 없다는 비판이다. 그러나 슐라이어마허는 해석학적 순환의 문제를 언어와 사고 영역에서 구체적으로 다루며 이 둘의 개방적 순환과 이념 지향적인 전개를 강조한다. 저자와의 동일화가 이해의 일차적인 목표이지만 이는 언어에 대한 완전한 지식과 저자에 대한 완전한 지식을 요구하는 한에서 불가피하게 이해 목표와 이해 실제 사이의 간격을 수반한다. 이 간격에서 새로운 언어와 새로운 삶의 방식이 확인된다면, 이는 새롭게 등장한 역사의 한 계기임에 틀림없다. 해석학적 순환의 문제는 역사성을 동원하지 않고 설명될 수 없다. 슐라이어마허에서 해석학적 순환의 문제를 인정하는 한 동일성철학의 가정에서 출발하는 그에 대한 여러 가지 비판은 입체적인 것이 아니다.

슐라이어마허의 해석학에 대한 오해는 그 수용사에서 잘 드러난다. 대표적인 오해 내지 의도적인 곡해는 가다머(H.-G. Gadamer)의 비판에서 발견된다. 『진리와 방법』(1960)은 슐라이어마허를 연구한 딜타이의 방대한 유고 『슐라이어마허의 생애 *Leben Schleiermachers*』(1966)가 출간되기 전의 일이라 불가피하게 한쪽으로 치우친 비판을 했을 것이라는 설명은 가다머에 대해 너무 우호적이다.[47] 가다머의 슐라이어마허 비판은 크게 두 가지로 요약될 수 있다. 첫째, 슐라이어마허 해석학은 심리주의(Psychologismus)에 빠져 있으며 그렇기 때문에 이해의 역사성을 파악하지 못한다. 둘째, 슐라이어마허의 해석학은 구성에 대한 재구성이다. 재구성 내지 재생산은 주객이분법의 테두리를 벗어나지 못하고 있다는 점에서 이러한 이분법을 넘어서 있는 전승이나 전통과 같은 해석학 본래의 문제를 다루지 못한다. 그러나 새로운 슐라이어마허 연구자들은 물론이고 심지어 가다머 자신도 이러한 비판에 문제가 있음을 인정한다. 슐라이어마허의 해석학은 심리적 해석과 더불어 문법적 해석도 강조하며, 이해의 객관성을 추구하면서도 동일성철학의 범주에 머물지 않으며, 역사성을 충분히 담보한다. 더 나아가 해석학이 기술적 분과로서 사상(事象)내용과 유리된 방법적인 처리방식에 불과하다는 주장도 슐라이어마허 사상의 전체 연관성을 간과한 데서 나온 잘못된 것이다. 다음과 같이 말하는 슐라이어마허는 이러한 문제성을 염두에 두었음에 틀림없다. "해석학적 과제 일반이 문법, 변증법, 기술론, 특수 인간학의 결합을 통해서만 완전히 해결될 수 있다면, 해석학에는 사변적인 것과 경험적인 것, 역사적인 것의 결합을 위한 강한 동기가 들어 있는 것이 분명하다."(225)

---

47) 같은 책, 151쪽 참조.

미학[48]

슐라이어마허는 베를린대학에서 세 학기에 걸쳐 미학강의를 했으며 베를린 왕립학술원에서 두 번에 걸쳐 미학에 관한 강연을 했다. 1819년 여름학기에 처음으로 행한 미학강의는 1825년 여름학기에 반복되었으며, 이는 1832/33년 겨울학기로 이어졌다. 1831년과 1832년에는 「예술이론과 관련된 예술개념의 범위에 관하여 Über den Umfang des Begriffs der Kunst in Bezug auf die Theorie derselben」라는 제목으로 학술원 강연을 했다.

슐라이어마허는 미학을 '비판적 분과'로 분류하며 여기에 두 가지의 과제를 부여한다. 하나는 미학의 사변적 개념을 밝히고 상이한 예술형식의 본질을 서술하는 것이며, 다른 하나는 개별적인 예술작품을 평가하기 위한 비판의 원칙을 서술하는 것이다. 이것은 미학강의의 두 부분을 구성한다. 1부는 예술을 윤리학의 관점에서 인간의 일반적인 활동성과 관련해서 파악하며, 2부는 역사적으로 주어져 있는 예술형식의 본질을 특징짓고 궁극적으로 "예술의 백과사전"(Ä 6)을 만들어내려고 한다. 전자에서는 '예술의 동일성'이 문제시되며 후자에

---

[48] F. D. E. Schleiermacher, *Ästhetik(1819/25), Über den Begriff der Kunst(1831/32)*, Hamburg, 1984. (=Ä)

서는 '예술의 차이성'이 문제시된다. 여기서는 사변적으로 도출된 예술 개념이 역사적으로 주어져 있는 다양한 예술형식에 관계하는데, 이것은 사변과 경험의 특별한 만남이다.

슐라이어마허는 미학의 사변적 개념을 예술의 윤리적 의미를 통해 밝힌다. 이것은 미학과 윤리학의 연관을 보여준다. 예술은 예술적 활동성(Kunsttätigkeit)을 통해 해명되어야 하며 더 나아가 인간의 다른 활동성과의 연관 속에서 드러나야 한다. 윤리학의 설명에 따르면 인간의 모든 행위는 개인적 상징행위, 개인적 조직행위, 보편적 상징행위, 보편적 조직행위의 네 축으로 설명된다. 조직화와 상징화, 보편과 개별은 자연에 대한 이성의 행위가 보여주는 네 가지 축이다.[49] 여기서 예술은 '개인적 상징행위(individuelles Symbolisieren)'로 규정된다. 예술은 개인적인 것을 분절화하는 기관이다.[50] 슐라이어마허는 상징행위를 행위의 인식적 기능으로 보기 때문에 예술적 활동성에는 인식적 활동성이 지배적이다.(Ä 20) 인식적 활동성은 학문과 예술로 구별된다. 예술은 개인적 이성이 만들어내는 상징을 다루며, 학문은 보편적 이성이 만들어내는 상징을 다룬다. 그러나 예술과 학문은 인식적 활동성에 함께 속한다.

---

49) 본서 '윤리학' 부분 참조. 98쪽.
50) G. Scholtz, *Die Philosophie Schleiermachers*, Darmstadt, 1984, 143쪽 참조.

학문의 보편적 인식이 논리적인 사고에 의해 가능하다면, 예술의 개인적 인식은 개인성을 드러내 주는 능력에 의해 이루어진다. 예술의 개인적 인식은 논리적 사고와 구별되는 감정과 상상력에 근거한다. 학문적 인식은 보편성을 지향하는 반면 예술적 인식은 개성을 지향한다. 그러나 학문과 예술의 대상은 원칙적으로 동일하다. "모든 예술은 한편으로 종교적 경향을 가지며 다른 한편으로 개별자와의 자유로운 유희로 소실된다."(Ä 21) 종교적 경향의 목표인 신과 개별자의 총체성인 세계는 예술의 대상일 뿐 아니라 학문의 대상이기도 하다. 그러나 학문은 신과 세계를 '동일성'의 틀에서 파악하는 반면 예술은 이를 '개인성'의 틀에서 파악하는 것이다. 개인성의 틀에서 파악된 신과 세계는 논리적 사고의 산물이 아니라 감정과 상상력의 산물이다. 슐라이어마허에서 예술은 감정과 상상력에 근거한다.

이와 같이 인간의 주관성에 뿌리를 두는 예술론은 형이상학적 근거에서 출발하는 예술존재론과 구별된다. 예술의 출발점은 객관적인 존재가 아니라 인간의 주관적인 능력이다. 슐라이어마허의 예술이론에서는 세계와 존재 자체보다 인간이 그것을 수용하고 인식하는 것이 중요하며, 더욱이 그것을 개인적인 방식으로 내면화하고 서술하는 것이 중요하다. 감정예술론의 핵심은 '자기서술(Selbstdarstellung)'에 있다. 이러한 자기서술은 한편으로 산출미학(Produktionsästhetik)으로 구체화되며 다른 한편으로 표현미학(Ausdrucksästhetik)으로 나타난다. 이 둘에 공통적인 것은 슐라이어마허가 강조하는 '예술적 산출(künstlerische Produktivität)'의 관점이다. 예술은 자극받은 감정이 내면 가운데 예술의 원형을 산출함으로써 가능하며 이를 예술적으로 표현함으로써 완성된다.

예술의 본래적인 시작은 감정 가운데서 예술의 내적인 원형을 산출하는 데 있다. 예술의 근원이 감정에 있다는 주장에서 슐라이어마허의 예술이론은 다른 예술이론과 명백하게 구별된다. 예술의 자리는 외적 자연에 있지 않다기보다 예술적 자극을 유발하는 내면성에 있으며 고유한 방식으로 감동받는 의식에 있다. 최고의 감동은 신의 계시이다. 슐라이어마허의 예술이론은 종교이론과도 일맥상통한다. 최고의 예술적 산출은 종교적이며, 종교적 감동은 예술적이다. 최고의 예술은 종교예술이며, 종교적 체험은 늘 예술적인 일어남(生起)의 특성을 지닌다.

더 나아가 예술이 자극받은 감동에 있다는 사실은 예술을 학문 및 실천적 삶과 구별하는 기준이 된다. 학문적 이론과 정치적·경제적 실천은 자발적이고 능동적인 사고와 의지의 결과인 반면, 예술은 수동적이고 수용적인 감정과 기분의 산물이다. 기분은 내적인 감동과 자극 없이 발생하지 않는다. 결국 슐라이어마허에게서 "모든 예술은 총체적으로 기분의 표현"(Ä 17)이다.

예술은 감정에서 출발하지만 이는 상상력의 자유로운 유희와 만날 때 비로소 구체적인 예술작품으로 귀결된다. "예술작품의 원형은 자유로운 유희의 영역에 있으며 …… 상상력의 자유로운 유희를 규정하는 것은 자극계기(Affektionsmoment)이다."(Ä 17) 여기서 슐라이어마허가 말하는 예술적 활동성의 세부 과정이 드러난다. "예술적 활동성은 자극, 조성(造成, Urbildung), 형성(Ausbildung)의 세 가지 상이한 계기로 이루어진다."(Ä 12) ① 무엇보다 먼저 보편자에 대한 감정이 있어야 하며, ② 이것이 상상력을 자극하여 예술작품의 원형을 내적으로 형태화해야 하고, ③ 이 원형을 척도와 형식에 따라 개별적으로 묘사하고 조직화함으로써 구체적인 예술작품이 나온다. 예술은 자극받은 정열적 감정을 완화하고 부드럽게 하며, 여기에다 척도(Maß)와 형식을 부여한다. 원칙적으로 모든 사람이 원형을 조성할 수 있다는 점에서 슐라이어마허는 '모든 사람이 예술가'라고 주장한다. 자기의 내면성을 표명하고 서술할 줄 아는 사람은 곧 예술가이다. 예술은 천재들만의 것이 아니다.

요컨대 "예술은 내적인 자극으로부터 표현을 야기하는 열광과, 원형으로부터 표현을 야기하는 숙고(Besonnenheit)의 동일성이다."(Ä 11) 감정은 자극을 불러일으키고, 자극은 열광하게 하며, 이러한 자극으로부터 상상력이 예술의 원형을 산출한 다음, 이 원형에 대한 신중한 숙고가 예술작품을 낳는다. "감각을 통해 촉발된 세계는 상상력을 통해 원형의 체계로 살아난다."[51] 의식에 포착된 외부세계의 형태적 표상은 자유로운 상상력의 산출을 통해 예술적으로 변모하는 것이다. 이것은 세계가 사고를 통해 개념으로 형성되고 의지를 통해 실천적으로 변형되는 것과 같다. 따라서 예술은 기분이나 감정으로만 환원되는 것이 아니라 기분에서 나오는 자유로운 산출(freie Produktion)로도 환원된다.(Ä 18) 예술에서 감정과 기분이 중요한 만큼 내적으로 작품의 원형을 조성하고 창작하는 자유로운 산출도 중요하다.

자유로운 산출을 주도하는 상상력은 자연의 가능한 모습들을 예술적 표현의 담지자로 발견한다. 상상력은 '소리'와 '운동', '형태'와 '빛' 그리고 이들의 혼합으로 드러나는 자연에서 예술의 여러 가지 계기들을 표현한다. 예컨대 몸의 운동성에서 무언 연기술이 나오며, 소리에서 음악이 나오고, 身산의 형태에서 조각이 나오는가 하면 형태와 빛의 상호작용에서 미술이 나온다. 그러나 예술은 주어져 있는 자연을 단순히 모방한 것이 아니라 자연에 암시되어 있는 것을 창조적으로 완성한 것

---

51) W. H. Pleger, *Schleiermachers Philosophie*, Berlin, 1988, 43쪽.

이다. 슐라이어마허의 예술이론은 아리스토텔레스의 모방이론을 넘어선다. 예술은 신의 창조를 지속하고 해석하는 인간 정신의 생산적 계기이다. 그러므로 "창조와 예술은 본질적인 상관항이다. …… 인간이 예술에서 창조적인 것같이 신은 창조에서 예술적이다."(Ä 7) "예술은 현실의 보완인 것이다."(Ä 33)

슐라이어마허의 예술이론은 인간 내면성의 자극과 감동을 중시한다는 점에서 동시대의 형이상학적·사변적 예술철학과 구별된다. 이런 점에서 딜타이는 슐라이어마허를 객관적 관념론의 미학자와 구별하여 '낭만주의의 미학자'[52]로 규정한다. 숄츠의 지적대로 슐라이어마허 미학의 의미는 그것이 예술적 활동성에서 출발하며 형식주의적이고 순수한 내용미학의 일면성을 회피한다는 데 있다.[53] 내적인 산출 없는 예술작품은 존재할 수 없기 때문이다.

국가론[54]

슐라이어마허는 1808/09, 1817, 1829, 1833년 네 차례에

---

52) W. Dilthey, *Leben Schleiermachers*, Zweiter Band: Schleiermachers System als Philosophie und Theologie, Berlin, 1966, 443쪽.
53) G. Scholtz, 같은 책, 144쪽 참조.
54) Schleiermacher, *Die Lehre vom Staat*, Aus Schleiermachers handschriftlichem Nachlasse und nachgeschriebenen Vorlesungen hrsg. von Ch. A. Brandis, Berlin, 1845. SW III/8. (=SL)

걸쳐 국가론에 관한 강의를 했으며 세 번의 학술원 강연을 했다. 슐라이어마허의 국가론은 플라톤과 피히테의 국가론과 같이 현실과 무관한 형이상학적인 국가의 이상을 제시하는 대신 실제적인 국가의 기능과 이와 관련된 행위의 특징을 서술한다. 그는 국가론에서 "생동적인 국가의 속성을 고찰하고 그 다양한 기능을 연관관계에서 이해한 다음 이러한 도정에서 올바른 행위를 가능하게"(SL 1) 하려고 한다. 실제로 슐라이어마허의 정치적 신념과 영향은 프로이센 혁명 이후 전면에 등장했다.[55] 그는 프로이센 개혁정치의 연관에서 생겨날 수 있는 국가이론을 추구했다. 슐라이어마허의 이론적 탐구가 실천적 맥락 속에서 이루어지는 것과 마찬가지로 그의 국가론도 국가에 관한 역사적 탐구 대신 현재하는 국가에 대한 분석과 평가에 주력한다. 그의 국가론은 당시의 정치적 상황을 염두에 둔 것임에 틀림없다.

슐라이어마허의 국가론은 그의 윤리학을 구체화하는 작업의 일환으로 마련된 기술적 분과(technische Disziplin)이다. 국가는 자연을 이성화하고 이성을 자연화하는 윤리학적 문화과정(Kulturprozeß)의 한 현상이다. 그것은 단순히 개인의 권리를 공동체적으로 통제하는 기관이라는 차원을 넘어선다. 슐라

---

55) Nowak, 같은 책, 311쪽 참조.

이어마허의 국가론은 전시민적 상태로부터 시민적 상태로 이행한 근대 사회의 태동과 밀접하게 연관되어 있으며 로크, 홉스, 몽테스키외, 루소 등의 근대 시민사회이론과 무관하지 않다. 이런 맥락에서 슐라이어마허는 근대 국가론을 전개한다. 이것은 그의 신학이 근대 신학의 출발점을 형성한 것과 맥락을 같이 한다.

슐라이어마허의 국가 개념은 헤겔의 그것과 달리 가족, 자유로운 교제관계, 학문 공동체, 교회 공동체 등의 다른 공동체와 대등한 관계에 있거나 이들보다 제한된 영역에 속한다. 국가는 다양한 공동체 형식의 근간을 이룬다기보다 전체적인 문화 가운데 한 영역을 차지할 뿐이다. 윤리학에서 국가를 자연에 대한 이성의 '동일적 조직화'로 규정한 데 입각하여 동일적으로 조직하는 국가의 활동성을 '노동'과 '경제'와 '행정'으로 규정한다. 이런 맥락에서 슐라이어마허의 국가 개념은 시민의 안정을 책임지는 행정국가(Verwaltungsstaat)로 특징지어진다. 행정적으로 성공한 국가는 노동문화를 효과적으로 통제하는 근대의 산업국가가 되며, 방어적 보존에 집중하는 국가는 군대국가가 된다. 방어적 보존에 대한 언급은 슐라이어마허가 주장하는 방어적 전쟁의 정당성과 연관된다.

슐라이어마허는 국가가 계약에 의해 성립된다는 주장에 맞선다. 국가는 처음부터 존재하는 것이 아니라 아직 국가가 아닌 상태에서 국가로 이행할 때 생겨나지만, 그렇다고 해서 국가가 계약이론이 설명하는 바와 같은 인위적인 구성물인 것은 아니다. 국가는 국가 이전의 단계에서 일반적으로 인정되는 인륜으로부터 생겨난다. 국가라는 인륜태에서 중요한 것은 무정형적으로 주어져 있는 '인륜적' 상태로부터 국가라는 '법적' 상태로의 이행이다. 이런 맥락에서 슐라이어마허는 국가의 발생을 역사와 인간 의식의 전개와 연관짓는다. "국가의 본질은 정부와 신민의 대립이 분명하게 드러나는 데 있다. 이런 한에서 부족과 국가의 관계는 무의식에 관계하는 의식과 같다."(E 94 이하) 슐라이어마허는 국가 이전의 단계인 부족을 병렬적으로 존재하는 친척들의 무의식적 동형성의 상태로 간주하는 반면, 국가는 이러한 동형성이 의식적으로 드러나 있는 상태로 본다. 국가에는 지배자와 피지배자의 관계가 존립하지만 이것은 무의식적 관계 내지 강압적 관계가 아니라 의식적 관계라는 것이다. 대립에 관한 의식이 국가를 형성했다면 이러한 대립은 설명을 위한 인위적인 구성물이 아니라 필연적으로 등장하는 역사의 침전물이다. 따라서 국가 이전의 현실이 지니는 "공통의 특유성이 국가의 토대를 이룬다."(E 96) 국가가 계약에 의해 생겨나지 않는 이유는 한편으로 "계약이 국가를 통해서만 존립할 수 있기 때문"이며 다른 한편으로 "계약은 개인이 가질 수 없는 설득력에 의해 생겨나야 하기 때문"이다.(E 95) "계약과 소유를 위한 최종적인 완전한 형식은 국가에 의해 비로소 생겨난다."(E 98)

슐라이어마허의 국가론은 절대주의적 개혁국가로부터 입헌군주국가로 이행하는 당시의 현실을 반영한다. 슐라이어마허는 귀족정치에 반대하고 민주정치와 입헌군주제를 선호한다. 이것을 결정하는 토대는 국민들의 정치의식이며 국가의 규모도 결정의 한 기준이 된다. 흥미로운 것은 단일한 정치의식을 가진 소규모 공동체는 민주정치를 지향하며 다양한 정치의식을 가진 대규모 공동체는 군주제를 지향한다는 주장이다. 그러나 이 두 정치체제와 귀족정치를 근본적으로 구별하는 기준은 행정부와 국민 간의 유기적 생동성이다. 민주정치와 입헌군주제를 구별하는 기준은 국가 가운데 사적인 관심과 공적인 관심의 대립이 있는가 하는 것이다. 민주정치에서는 두 관심이 상충하는 반면 입헌군주제에서는 군주가 국가의 대변자로서 사적 관심의 갈등을 해소한다. 슐라이어마허는 입헌군주제를 통해 민주정치와 군주정치를 통합하려고 한다.

슐라이어마허가 이해하는 국가에서 중요한 것은 국가를 구성하는 행정부와 국민 간의 분리와 대립이 의식적으로 해소되고 이 둘이 유기적으로 통합되어 있어야 한다는 사실이다. 여기서 개별의지와 일반의지의 관계가 문제시되는데, 중요한 것은 정치적 의지가 개인의 의지를 손상하지 않으면서 개인에게 수용되고 관철될 수 있는가 하는 점이다. 1814년의 학술원 강연인 '상이한 국가형태의 개념'에 나타나 있는 입법 과정에 대한 설명은 이러한 개인과 국가의 관계를 잘 드러내 보여준다. 슐라이어마허에 의하면 입법 과정은 순환적이다. 입법 과정의 한 경우는 국가의 중심에 있는 군주에서 시작하고 가장자리에 있는 개인에서 끝나지만, 다른 경우는 개인에서 시작하여 군주에서 끝난다. 군주의 의지는 개인의 의지의 시작이자 끝이다. 이러한 순환구조에서 볼 때 개인은 군주의 일반의지에서 자신의 개별의지를 확인하며, 군주는 개인의 개별의지에서 자신의 일반의지를 확인한다. 여기서는 입법과 행정의 구별이 애매할 수 있다. 입법권은 국민에서 출발하여 군주에서 끝나고 행정권은 지배자에서 시작하여 국민에서 끝나기 때문이다. 여기서 국민은 행정적 실제가 펼쳐지는 장이다. 이런 점에서 슐라이어마허는 권력이론에서 이른바 '이권분립'을 주장한다.56) 입법권과 행정권이 위의 맥락에서 하나로 연관되어 있는 반면 사법권은 독자적으로 존재한다

국가는 자연의 지배를 의도하는 윤리적 조직화의 중요한 부분이다. 슐라이어마허의 국가론은 크게 '국가헌법(Staatsverfassung)'과 '국가행정(Staatsverwaltung)'으로 구별된다. 국가

---

56) Nowak, 같은 책, 315쪽 참조.

헌법은 국가의 형성 과정 및 그 형식과 연관되어 있는 반면, 국가행정은 자연을 지배하는 인간적인 힘의 조직화에 관계한다. 국가행정에는 질료적 측면, 정신적 측면, 행정적·재정경제적 측면이 있다. 질료적 측면에서는 소유, 노동, 노동분업, 교환, 화폐유통 등 땅을 지배하는 인간의 질료적 측면이 다루어지고, 정신적 측면에서는 학문 및 신앙과 연관된 것이 다루어진다. 이 두 측면은 균형을 이루면서 상호보완적 역할을 수행하기 때문에, 국가가 종교적 신앙과 학문적 진리와 같은 정신적 측면에 일방적으로 간섭할 권리를 갖고 있는 것은 아니다.

슐라이어마허는 조세행정에 대해서도 세밀하게 언급하면서 국가행정에서 등장할 수 있는 다양한 영역의 재정문제를 해결할 수 있는 방법을 제시한다. 그러나 이것은 국가의 경제활동에 대한 서술로서 개인의 경제활동과 대비를 이룬다. 슐라이어마허는 국가 차원의 경제활동과 개인의 경제활동 사이에 놓여 있는 시민사회의 영리활동에 대해서는 다루지 않는다. 이 점은 그의 국가론에 시민사회이론이 결핍되어 있다는 비판으로 이어지기도 한다. 그의 국가방어이론은 대외적인 국방과 대내적인 안전문제로 대별된다. 대외적인 국방에 관한 한 외교가 국가방어를 더 이상 유지할 수 없는 경우, 국가는 불가피하게 전쟁을 수행할 수도 있다. 대내적인 안전을 위해 국가는 형사재판권을 갖는데, 이는 개인범죄와 국사범(國事犯)

을 다스리기 위한 것이다.

슐라이어마허가 생각하는 국가의 목표는 자명하다. 그것은 국가와 더불어 분화되지만 때로는 국가의 테두리를 벗어나는 개인의 관심을 통제함으로써 국가를 인류체로 보존하고 공동의 안녕을 지켜내는 데 있다. 그러나 공동의 안녕을 수호한다는 미명하에 개인의 관심을 침해해서는 안 되기 때문에 국가는 일정 부분에서 스스로를 제한해야 한다. 국가는 이러한 자기제한을 통해서 그 자체가 빠져들 수 있는 특수한 정치적인 이해로부터 국민을 보호할 수 있다. 국민의 보호라는 차원에서 슐라이어마허는 가난한 계층의 사람들과 관련된 사회적인 문제를 직시했으며 이를 해결하기 위해 '사회적 자유주의(Sozial-Liberalismus)'의 필요성을 강조한다.[57] 국가는 경제를 발전시키는 데만 주력할 것이 아니라 사회복지의 의무를 떠맡아야 한다.

심리학[58]

슐라이어마허는 1818, 1821, 1830, 1833/34년 네 차례에

---

57) Scholtz, 같은 책, 156쪽 참조.
58) Schleiermacher, *Psychologie. Aus Schleiermachers handschriftlichem Nachlasse und nachgeschriebenen Vorlesungen,* hrsg. von Leopold George, SW III/4, 1862.

걸쳐 심리학에 대한 강의를 했다. 슐라이어마허의 심리학은 철학의 다른 분과들과 달리 명백한 체계적 위치를 차지하지 않는다. 그것은 현실에 대한 경험학으로 규정되기도 하고 선험적 사고와 경험적 사고의 결합으로 규정되기도 한다. 특히 후자의 경우에는 심리학이 논리학, 윤리학, 물리학의 전제로 받아들여진다.

심리학은 영혼적 삶(Seelenleben)의 근본 활동성을 다루는 기초부분(I)과 이것에 토대를 두는 개인의 자연적 규정성을 다루는 구성부분(II)으로 이루어져 있다. I부에서는 개인적인 영혼의 현존과 총체적인 외적 현존 간의 상호관계, 즉 개인적 과정과 보편적 과정의 상호관계가 다루어진다. 이것은 또한 수용적 활동성과 '발산적(ausströmend)'·자발적 활동성의 관계로 설명되기도 한다. 영혼의 활동성을 이렇게 구별하는 것은, 예컨대 칸트의 선험적 인식론을 구성하는 능력의 구별과 흡사하다. 수용적 활동성은 외부세계에서 밀어닥치는 감각의 자극을 받아들이는 활동성이며, 자발적 활동성은 내면성이 외부세계를 향해 능동적으로 작용하는 활동성이다. 인간의 삶은 이 두 활동성의 상호관계를 통해 이루어지므로, 이 둘은 영혼적 삶의 근본구조이다. 슐라이어마허는 총체적인 영혼의 삶 내지 정신적 삶을 이 두 활동성의 분화와 구체화에서 설명한다. II부에서는 I부의 설명을 토대로 해서 성(性), 기질, 성격,

가치, 잠과 깨어 있음, 나이와 같이 시간의 지배를 받는 개인의 제 규정들이 등장하며 종족, 민족 등 개인의 규정을 넘어서는 범주들이 다루어진다.

슐라이어마허는 감각활동성을 통해 수용성을 설명한다. 인간의 다섯 가지 감각활동성은 동물의 그것과 구별된다. 동물의 감각활동성은 단순히 자기보존을 위한 것인 반면 인간의 그것은 외부세계에 대한 개방성으로서 외부세계를 내면세계에 개시(開示)하는 역할을 한다. 수용적 활동성은 변증법 강의에서 중요하게 다루어진 감관적 기능과 일맥상통한다. 인간은 외부세계에 개방되는 활동성을 통해 내면 가운데 새로운 세계를 받아들이며, 이를 통해 스스로 새로운 존재로 변모한다. 따라서 수용성은 대상과 관계하는 활동성 및 자기와 관계하는 활동성으로 나누어진다. 우리는 감각지각을 통해 외부세계와 관계하며 감정과 느낌을 통해 내면의 변화를 감지한다. 대상의식과 자기의식의 구별은 이러한 감각활동성에서 유래한다.

대상의식은 감각에 주어진 내용을 감각형상(sinnliches Bild)으로 바꾸며, 감각을 통해 활성화된 이성은 다양한 지각의 내용에 구조를 부여하며 개념을 형성하고, 언어는 개인의 내적 과정을 다른 사람에게 전달한다. 이와 같이 내적인 과정이 타자에게 전달되고 이로부터 두 사람의 공동성을 획득하는 것은 지식의 획득과 다르지 않다. 변증법 강의가 보여주듯이 슐라이어마허에게 지식은 언어적 전달 없이 불가능하다. 요컨대 슐라이어마허 심리학의 특징은 감각활동성을 통한 내면의 변화가 지속적으로 외부세계에 영향을 미치며 외부세계를 궁극적으로 주관의 세계로 수렴하려고 한다는 데 있다. 그러나 이러한 일련의 과정은 절대관념론의 방식으로 종결되지 않는다. 모든 사람에게 동일한 동일성의 원리는 지식의 이념에 불과할 뿐이며 실제적인 지식은 이 이념에 도달할 수 없다.

자기의식은 자기내적인 감정과 느낌이 다른 사람에게 전달됨으로써 이른바 '교제적 감정'에 이른다. 함께 슬퍼함, 함께 기뻐함, 사랑, 경외 등은 한 사람의 내적 감정이 다른 사람에게 전달되어 형성된 공동의 감정이다. 이러한 유한적 감정은 무한한 감정으로 연결될 수 있다. 슐라이어마허가 본래적인 의미의 자기의식으로 간주하는 이 감정은 유한한 인간과 세계에 대한 감정의 한계를 넘어선 무한한 감정으로서 그 자체가 종교적이다. 사람들은 종교적 감정에서 무한자를 느끼며 예감하고 전혀 새로운 존재를 체험한다.

영혼적 삶의 자발성은 외부세계에 대한 인간 의지의 표현이다. 수용성이 외부세계를 영혼 가운데 받아들이는 인식의 능력이라면, 자발성은 인간의 의지를 세계에 실현하는 의지의 능력이다. 자발성의 활동은 외부세계를 새롭게 변화시키고, 그때마다 그것에 구체적인 형태를 부여한다. 대상을 점유물로 바꿈으로써 자연을 지배하는 경제적 행위, 대상에다 자기를 표명하는 예술적, 학문적 행위는 영혼적 삶의 자발성이 만들어내는 구체적인 정신세계이다.

이러한 관점은 자연에 대한 이성의 행위를 강조하는 윤리학 및 미학의 관점과 다르지 않다. 더 나아가 슐라이어마허의 심리학은 윤리학을 학문 분과적으로 보충한다. 심리학은 인간의 근본적인 활동성을 분석할 뿐만 아니라, 더 나아가 개인의 정신적 행위가 전체의 정신적 행위에 어떻게 관계하는지를 잘 보여준다. 이 둘의 완전한 상호관계는 존재와 정신의 완전한 일치로 귀결된다. 인간 정신의 완전한 활동성은 다름 아니라 인간 정신의 완전한 자기표명일 뿐 아니라 정신의 활동성을 통해 성취되는 세계의 완전한 형성이다.

영혼적 삶의 두 활동성을 고려하는 한 슐라이어마허의 심리학은 전적으로 경험과학이거나 전적으로 선험철학일 수 없다. 수용사(受容史)에 의하면 슐라이어마허의 심리학은 사변적 요소와 경험적 요소를 결합하는 선험철학이다. 변증법에서 확인된 '실재-관념론'의 요소는 심리학에서도 발견되는 것이다.

교육학[59]

슐라이어마허는 교육학강의를 세 차례(1813/14, 1820/21, 1826) 했으며, 1809년에는 잘 알려져 있는 『독일적 의미의 대학에 관한 단상』[60]을 발표했다. 수용사는 슐라이어마허를 '학문으로서의 교육학을 건립한 사람', '근대적 교육학의 시원', '고전적인 교육사상가'로 기술한다. 슐라이어마허는 비록 철학의 영역에서 교육학을 다루기는 했지만, 학문으로서의 교육학이 차지하는 독자성을 주장함으로써 근대 교육학에 초석을 놓았다.

교육학은 윤리학의 사변적 원리를 현실에 실천적으로 적용하는 '기술적' 분과이다. 윤리학과 교육학의 연관성은 이 둘이 자연과 이성의 조화 및 개인과 공동체의 조화를 추구하는 데서 잘 드러난다. 교육은 개인의 새로운 형성을 지향하면서 동시에 학문단체, 교회, 국가와 같은 공동체의 형성을 지향한다. 개인의 형성과 공동체의 형성은 교육이 지향하는 두 측면으로서 모두 인륜적 삶의 새로운 형성에 기여한다.

슐라이어마허에게 교육학은 삶의 발전과 진보를 위해 요구

---

59) F. D. E. Schleiermacher, *Pädagogik*, hrsg. von Carl Platz. SW III/9, 1849.
60) F. D. E. Schleiermacher, *Gelegentliche Gedanken über Universitäten im deutschen Sinn*, 1808. (=SW III/1, 535-644)

된다. 교육학은 인륜적 삶의 새로운 형성에 기여한다. 인륜성과 이성과 문화가 현실 가운데 최고 수준으로 성취되어 있다면 교육은 불필요할 수 있다. 그러나 이성과 자연 사이에 모순이 남아 있고, 현실의 인륜적 상태가 불완전하며, 인륜적 삶의 최고 지평이 여전히 이상으로 남아 있는 곳에서는 불가피하게 교육이 요구된다. 따라서 교육은 이념을 지향하는 도정에서 이미 성취한 것을 보존해야 하며, 이념에 비추어 볼 때 아직 불완전한 것을 새로운 모습으로 개선해야 한다. 여기서 보수와 진보가 교차한다. 슐라이어마허의 교육학은 프랑스혁명을 둘러싼 시대적 분위기의 산물이다. 개인적으로 참여하고 고통을 겪기도 했던 프랑스혁명의 여파에서 나오는 프로이센 개혁의 문제는 슐라이어마허의 교육학적 관점과 맞물린 것이다. 귀족과 시민계급의 불평등 문제는 사회적 개혁의 대상임에 틀림없지만, 슐라이어마허는 폭력 없는 진보를 추구하며 점진적 개혁을 의도한다. 이런 차원에서 슐라이어마허의 교육학은 정치학과도 연관되어 있다.

슐라이어마허는 자신의 교육철학을 현실에 구현하려고 했으며 그 일환으로 『독일적 의미의 대학에 관한 단상』을 발표한다. 이 글은 베를린대학의 건학정신을 담고 있다. 여기서 슐라이어마허는 헤겔과 흡사하게도 대학에서 철학부의 중요성을 강조하며 철학을 통해 지식을 위한 지식이 추구될 수 있어야 함을 역설한다. 신학, 의학, 법학과 같은 실증적 학문에서는 이론과 더불어 실제가 중요하며, 이런 한에서 이들 학문은 특수학파나 수공예적인 전통을 벗어나지 못할 수 있다. 슐라이어마허는 이들 실증적 학문이 철학과 연결됨으로써 특수성이나 실제 중심적인 제약성을 넘어설 수 있다고 생각한다. 철학은 보편학으로서 모든 개별 학문들을 체계적으로 묶어준다는 점에서 건축물의 마지막 장식과 같은 역할을 수행한다. 이러한 대학은 '철학적 대학(philosophische Universität)'으로 규정된다. 철학적 대학에서는 어떤 학문 과정에서도 철학을 가장 먼저 다루어야 하며, 이로써 대학인은 개별 과학의 지식과 더불어 총체적인 학문의 체계성을 습득해야 한다.

슐라이어마허에게 대학은 학교와 아카데미의 중간에 있다. 학교는 대학에 단편적인 지식을 매개해 주며 연관성을 지니는 학문적인 의미를 일깨워준다. 한마디로 말해서 학교는 대학에 '학습에 대한 학습'을 매개해 준다. 학교와 달리 대학은 백과사전적인 체계를 서술하며 지식의 총체성이 나아가야 할 방향을 제시한다. 아카데미는 총체적인 지식의 체계보다 실재 학문의 개별 영역을 심층적으로 탐구한다. 개별 영역의 탐구에는 대학이 중시하는 철학이 전제되어 있다. 이와 같은 학교-대학-아카데미의 관계에서 확인되듯이 대학은 지식과 학문의 중심으로서 다른 학문기관에 토대를 제공하며 그 방향을 제시한다.

4. 신학사상 – 감동과 영성의 신학

『신학연구입문』(1811, 1830)[61]

슐라이어마허는 평생에 걸쳐 철학을 아주 좋아했으며 베를린대학에서 신학과 함께 철학을 가르쳤지만, 철학자로보다는 신학자로 더 알려져 있으며 신학의 영역에서 더 많은 영향을 끼쳤다. 그는 도도히 흐르는 신학의 물줄기를 새로운 방향으로 틀었다는 점에서 철학자이기에 앞서 탁월한 신학자임에 틀림없다. 신학자라면 누구나 신학의 교과서를 쓰려고 한다. 슐라이어마허도 일찌감치 교과서에 해당하는 '신학의 백과사전'을 염두에 두고 있었다. 신학의 모든 분과들을 체계적이고

---

61) F. D. E. Schleiermacher, *Kurze Darstellung des theologischen Studiums zum Behuf einleitender Vorlesungen*, hrsg. von Heinrich Scholz, Darmstadt, ⁵1982(김경재·선한용·박근원 옮김, 『신학연구입문』, 대한기독교출판사, 1982). (=KD)

통일적으로 설명할 수 있는 원리를 추구한 것이다. 이러한 원리는 신학의 내용보다 형식을 중시하며 궁극적으로 '신학의 형식적 백과사전'을 추구한다. 1805년부터 시작된 구상은 베를린대학에서 행한 1810/11년 강의에서 구체화되었고, 이것은 이듬해 개요(Kompedium) 형태의 소책자로 출간된다.

『신학연구입문』은 슐라이어마허의 강의를 듣던 학생들에게 많은 영향력을 발휘한 획기적인 내용을 담고 있었지만 저자의 기대와는 달리 당시의 신학계로부터는 특별한 관심을 끌지 못했다. 이 책에 대해서는 긍정적인 평가보다 비판이 상대적으로 더 많았는데, 그것은 이 책의 내용이 너무 압축적이고 애매할 뿐 아니라 상세한 설명을 결여하고 있었기 때문이다. 이러한 비판을 염두에 둔 슐라이어마허는 1830년 개정판을 출판한다. 2판의 서술은 1판에 비해 훨씬 세밀하며 분명했지만, 이 책이 담고 있는 새로운 사유의 단초는 그의 사후에야 비로소 정당한 평가를 받는다. 특히 청년 슈트라우스(David Friedrich Strauß)는 『신학연구입문』 2판을 토대로 하여 이루어진 슐라이어마허의 강의(1831/32)에 영향을 받고 강의노트[62]를 남기는데, 이는 슐라이어마허의 고유한 생각을 보다

---

62) F. D. E. Schleiermacher, *Theologische Enzyklopädie (1831/32)*, Nachschrift David Friedrich Strauß, hg. von Walter Sachs, Berlin/New York, 1987.

상세하게 전달하는 데 훌륭하게 기여했다. 무엇보다 이 책의 의의는 독자성을 주장하는 신학의 여러 분과들을 학문적이고 체계적인 원리를 통해 통일적으로 서술했다는 데 있다.

이 책은 신학을 근대의 시대조건에 걸맞은 모습으로 변모시킨다. 기독교적 신앙을 결코 포기하지 않으면서도 이를 더 이상 종래의 낡은 방식으로 설명하고 옹호하지 않는다. 이 책은 성서와 교회의 전통을 신학의 토대로 받아들이면서도 이를 근대의 역사성과 학문성의 지평에서 재구성하려고 한다. 슐라이어마허는 '학문적 신학'을 의도하는 것이다.

이 책은 신학을 '실증적 학문(positive Wissenschaft)'으로 규정한다. "신학은 여기서 신학이라는 말이 항상 쓰이고 있다는 의미에서 하나의 실증적 학문이다. 이 학문의 부분들은 특정한 신앙양식, 이를테면 특정한 신 의식의 형태에 공통적으로 관계함으로써만 전체에 연결된다. 신학은 기독교에 관계함으로써 이루어지는 기독교적 신앙양식의 실증적 학문인 것이다."(§ 1) 실증적 학문으로서의 신학은 그 자체가 하나의 학문이기는 하지만 사변적 종교이론이나 합리적 신학과는 구별된다. 그것은 철저하게 논리적인 의미의 기독교에서 출발하며 경건한 신앙 공동체의 일반 개념에서 출발하기 때문이다. 자연신학 내지 합리적, 사변적 신학과 거리를 두는 슐라이어마허의 입장은 『종교론』이래 일관되게 유지된다.

이 책은 '철학적 신학', '역사신학', 실천신학'의 세 부분으로 구성되어 있다. 2판에서는 없어진 표현이지만 슐라이어마허는 이 셋을 특유하게 규정한다. 철학적 신학(philosophische Theologie)은 신학연구의 뿌리이며 역사신학(historische Theologie)은 그 몸통이고 실천신학(praktische Theologie)은 그 왕관이라는 것이다. 조금 과장된 규정이기는 하지만 여기에는 합리적·사변적 신학을 거부하는 대신 신학을 교회의 역사성과 현실성에 집중하는 실증적 학문으로 간주하려는 슐라이어마허의 생각이 잘 드러나 있다. 현실적 실천과 수행 없는 신학은 본래적인 의미의 신학일 수 없다는 것이다. 실증적 학문으로서의 신학에는 항상 특유한 신앙양식과 특정하게 형성된 신 의식이 관계되어야 한다. 이것은 그의 철학사상에서 잘 드러난 바 있는 실재-관념론의 단면이기도 하다.

철학적 신학은 일반적인 종교이론에서 출발하지 않는다. 당시에는 이와 같은 것이 확립되지도 않았을 뿐더러 슐라이어마허는 어디까지나 개신교 신학의 백과사전을 염두에 두고 있었기 때문이다. 따라서 철학적 신학은 신학의 다른 분과들과 마찬가지로 기독교에 집중하며 기독교적 신앙으로부터 출발한다. 다만 철학적 신학은 기존의 다양한 신학적 분과들을 통일적으로 다루는 데 중추역할을 감당하며, 바로 이러한 의미에서 슐라이어마허는 철학적 신학을 신학연구의 뿌리로 규정한다. 이것은 기존의 신학분과에는 없는 새로운 분과이다. 그러나 새로운 분과로서의 철학적 신학은 '철학적 윤리학'과 '종교철학'의 과제를 넘겨받으며 '변증학(Apologetik)'과 '논쟁학(Polemik)'을 중심주제로 다룬다는 점에서 전혀 새로운 것은 아니다.

철학적 신학과 철학적 윤리학의 관계는 경건한 공동체인 교회에 대한 이해에서 드러난다. 슐라이어마허는 신학을 교회의 기능을 탐구하는 학문으로 간주할 정도로 신학에서 교회를 중요하게 다룬다. 여기서 교회 일반의 의미와 더불어 기독교 교회와 다른 교회와의 차이가 밝혀져야 한다.(§ 23) 종교 일반은 말할 것도 없고, 교회는 인간 삶의 '자유로운 정신적·영적 활동성' 없이는 구성될 수 없다. 특히 교회는 개인적인 종교적 감정을 넘어서는 공동의 종교적 감정[63]으로서 "인간 정신의 전개를 위해 필연적인 요소"(§ 22)이다. 여기서 강조하는 인간 정신의 활동성은 다름 아닌 자기의식의 활동성이며 행위의 활동성이다. 교회가 인간의 경건한 자기의식 및 행위와 관련되는 한 그 현상은 윤리적인 주제이므로, 교회를 탐구하는 철학적 신학은 필연적으로 윤리학과 만난다. 그러나 우리가 기독교 공동체와 다른 종교 공동체를 구별하려고 할 경우 우리는 윤리학적 주제에서 종교철학적 주제로 넘어간다.

---

63) F. D. E. Schleiermacher, *Ethik (1813/14)*, Hamburg, 1981, § 212. 122쪽.

종교철학의 과제는 기독교의 신앙양식과 여타의 신앙양식이 형성하는 관계를 천착하는 데 있다.(KD § 23)

이러한 종교철학적 물음은 자연스럽게 기독교의 본질에 대해 묻게 되는데, 이 물음은 종교철학의 테두리를 넘어 '변증론'으로 나아간다. 이것은 기독교의 본질에 대한 탐구인 동시에 개신교의 본질에 대한 탐구로서 철학적 신학의 한 부분을 구성한다.(§ 39) 변증론은 다른 무엇보다 공동체에 대한 공격을 방어하려고 한다는 점에서, 변증론을 포함하는 철학적 신학은 교회지도 내지 교회통치(Kirchenleitung)와 깊이 관련되어 있다. 이것은 철학적 신학을 구성하는 또 다른 분과인 '논쟁학'에서도 마찬가지로 확인된다. 논쟁학은 공동체에서 발생한 병적인 일탈현상에 대한 치료법으로 이해되기 때문이다. 이것은 교회능력의 약화(Indifferentismus), 공동체 추진력의 약화(Separatismus), 이단(Ketzerei)과 분리주의(Schismata)를 확인하고 비판한다. "병적인 것이라고 주장된 것은 내용적으로는 그것이 기독교의 가르침과 규율에서 표현된 기독교의 본질에 맞서거나 이를 해소하며, 발생적으로는 그것이 기독교의 근본 사실에서 출발하는 전개방식과 아무런 연관을 갖지 않는다는 사실에 의해 입증되어야 한다."(§ 60)

『신학연구입문』의 둘째 부분은 '역사신학'을 다룬다. 슐라이어마허는 역사신학에 속하는 세부 분과로서 주석신학(exegetische Theologie), 교리신학(dogmatische Theologie), 교회사(Kirchengeschichte), 교회 통계학(kirchliche Statistik)을 든다. 주석신학은 슐라이어마허의 해석학과 연결된다. 이해의 난점이 발생할 때마다 동원되는 특수해석학이 아니라 텍스트의 종류나 이해의 난점과 상관없이 언제든 적용되는 보편해석학을 (신약성서) 주석신학과 연결시킨 것이다. 원시기독교에서 나온 모든 문서가 주석신학의 대상이 아니라 "모든 시대에 걸쳐 기독교의 표준적 서술에 기여할 수 있는 문서"가 그 대상이다.(§ 103) "표준을 담고 있는 이러한 문서의 집합은 기독교 교회의 신약성서적 정경(Kanon)을 형성한다."(§ 104) 주석신학은 오로지 정경의 이념에만 관계할 수 있다. 그러나 슐라이어마허의 보편해석학은 오로지 신약성서에만 적용되는 것이 아니라 모든 텍스트에 적용된다.

슐라이어마허는 교회사를 좁은 의미의 역사신학으로 간주한다. 넓은 의미의 교회사는 기독교가 역사적인 현상으로 확립된 이래 기독교의 총체적인 전개에 대한 지식을 지시한다. "교회사의 대상은 기독교의 발생에서부터 지금까지 그것이 형성되고 영향을 끼쳐온 모든 것의 총체이다."(§ 149) 교회사는 두 가지로 구성된다. 하나는 교리사(Dogmengeschichte)이며 다른 하나는 교회 공동체의 역사이다.(§ 90) 교리사는 교회 공동체가 갖는 종교적 표상의 전개이기 때문에 일반적으로 교회사와 동일시된다.

주석신학이나 교회사를 역사신학의 범주에 넣은 것은 별 문제가 없었지만 교리신학을 역사신학에 속하게 한 것은 많은 비판을 야기했다. 기독교 신앙의 규범적 내용이 역사적인 처리방식에 내맡겨져 상대화될 수 없다는 것이다. 그러나 슐라이어마허는 기독교 신앙에 대한 발생론적 접근을 강조한다. 교리신학도 원시기독교의 시대공간에서 도출되어야 하며, 원시기독교의 역사적 맥락과 관련된 성서주석과 교회사를 떠나 성립될 수 없다는 것이다. 교리신학이 역사신학에 속한다고 해서 그것이 미래적인 것과 무관한 것은 아니다. 교리신학은 신앙의 과거적 토대에만 관계하는 것이 아니라 하나님 나라의 완성과 관계하기 때문에 좁은 의미의 역사적 맥락에 묶이지 않는다. 이런 의미에서 기독교 신앙의 규범적 내용은 초시간적인 것이라기보다 시간 속에서 시간과 함께 시간 너머의 지평을 의도하므로, 교리신학이 역사신학에 속하는 것을 문제 삼는 비판은 상대화되어야 한다.

생소하게 들리는 교회 통계학은 당시 새롭게 등장한 신학의 분과로서 '교회 사회학'이나 '교회학(Kirchenkunde)'과 바꾸어 쓸 수 있는 개념이다. 교회 통계학은 '교회의 현재적 상태에 대한 지식'으로서 "종교적 전개, 교회 규율, 총체적인 기독성의 영역 안에서 보이는 교회의 외적 관계를 고찰해야 한다."(§ 232) 교회 사회학에서는 교회 공동체의 조직 및 이러한 조직을 이끌어가는 교회지도가 다루어지며 다른 교회와의 관계가 중요하게 논의된다. 교회 내적인 관계와 교회 외적인 관계가 함께 취급되는 것이다. 교회가 처한 내외의 현실과 관련된 탐구가 역사신학의 범주에 속하는 것은 자연스럽다. 더 나아가 교회 통계학은 신조학(Symbolik)을 포함한다. 신조학은 개별 시대를 위한 것이라는 점에서 전체 기독교에 해당하는 정경(Konon)과 구별된다. 그러나 신조학은 신앙인의 구체적인 삶을 가능하게 하는 시대와 관련된 현실적인 것이다.

『신학연구입문』이 말하는 신학연구의 마지막 대상은 '실천신학'이다. 실천신학은 '교회책무(Kirchendienst)'와 '교회정치(Kirchenregiment)'의 두 분과로 구성된다. 전자는 개별 교회에 관계하며 후자는 전체 교회에 관계한다. "실천신학은 교회적 관심과 학문적 정신이 통합되어 있는 사람들만을 위한 것이다."(§ 258) 이것은 슐라이어마허가 최초로 정립한 분과로서 신앙의 추상성과 공허함을 배격하고 구체성과 생동성을 강조한다. 신앙의 구체성과 생동성이 실천신학을 통해서 가능하다는 생각에서 슐라이어마허는 실천신학을 신학연구의 왕관이라고 규정하기도 한다. 그러나 실천신학은 철학적 신학이나, 특히 역사신학이 전제되지 않고는 어떠한 역할도 감당할 수 없다. 교회책무와 교회지도가 실질적으로 중요하지만 이러한 실천적 차원은 그보다 앞서 주석신학, 교회사, 교리신학이 전제되지 않고는 성립될 수 없기 때문이다.

교회사가인 노박의 파악에 의하면 『신학연구입문』은 대체로 세 가지 의미를 지닌다.[64] 첫째, 이 책은 합리적 신학과 사변적 신학을 비판하고 신학을 '기독교 신앙의 현실학'으로 정립한다. 둘째, 신학의 모든 분과들은 어디까지나 기독교 신앙에 입각해야 하며, 신학이 학문성을 강조한다는 미명하에 기독교 문화학으로 전락되어서는 안 된다. 셋째, 신학은 항상 교회와의 연관 속에 있어야 하며 교회를 위해 봉사해야 한다. 교회와의 실천적 관계를 상실한 신학은 개인의 '몰관심적인 직관'에 불과하며 공동체에 아무런 도움을 주지 못한다. 신학연구의 목적은 신학의 각 분과에 걸맞은 모습으로 교회에 영향을 끼치는 데 있다. 신학은 교회지도와 뗄 수 없는 관계에 있는 것이다.

『기독교 신앙』(1821/22)[65] - 기독교 교의학

『종교론』이 슐라이어마허의 초기 사상을 대변한다면 『기독

---

64) K. Nowak, 같은 책, 231쪽 이하 참조
65) F. D. E. Schleiermacher, *Der christliche Glaube nach den Grundsätzen der evangelischen Kirche im Zusammenhange dargestellt*, hrsg. von H. Peiter, 2 Bde., Berlin, 1984(최신한 옮김, 『기독교 신앙』, 한길사, 근간). (=CG^1)

교 신앙』은 후기 사상뿐 아니라 그의 사상 전반을 대변한다. '개신교 교회의 원칙에 입각하여 연관에 따라 서술한 기독교 신앙'이라는 제목이 붙여진 '신앙론'은 2권으로 출간된 방대한 저서로서, 일반적으로 슐라이어마허의 대작(opus magnum)으로 불린다. 저자는 신학자로서 자신의 오랫동안의 강의를 요약하고 정리해야 한다는 내적인 압박을 받았을 뿐 아니라 큰 신학자에게 기대하는 공적인 시선을 느껴왔다. 그는 제대로 된 개신교 교의학을 발표함으로써 이 모든 것을 극복하려고 한 것이다. 이 책이 슐라이어마허의 나이 50을 훨씬 넘긴 시점에 나왔다는 사실은 언젠가 필생의 저작을 내놓아야 한다는 학자들의 일반적인 강박관념과도 무관하지 않은 것으로 보인다.『기독교 신앙』의 출간은 베를린대학의 맞수였던 헤겔로 하여금 처음으로 '종교철학강의'를 하도록 자극하기도 했다.

슐라이어마허의 '신앙론'은 교의학에 관한 여러 차례의 강의가 맺은 귀중한 결실이다. 그는 할레대학 시절인 1804/05, 1805, 1805/06년 교의학을 주제로 강의를 했으며, 그 후 베를린에서 12번에 걸쳐 동일한 강의를 했다.(1808/09, 1811, 1812/13, 1816, 1818, 1818/19, 1820/21, 1821, 1823/24, 1825, 1827/28, 1830)

교의학을 담고 있는 책의 이름을『기독교 신앙』이라고 한 것은 이 책이 일반적인 교의학과 구별되는 '신앙론'임을 지시한다. 교의학과 신앙론의 차이는 교리와 신앙적 주관성의 관련 여부에 있다. 일반적으로 교의학은 교리의 보편적이고 객관적인 내용을 중시하는 반면, 신앙론은 보편적인 내용이 신앙인에게 받아들여지는 의미를 중시한다. 보편과 개별의 이러한 교차는 오랜 시간에 걸쳐 다듬어진 슐라이어마허의 중심생각 가운데 하나이다. 교리적으로 타당한 것과 이것에 대한 개인적인 조망은 어떤 방식으로든 조화를 이루어야 한다. 그렇지 않는 한 하나는 다른 하나를 배제함으로써 결국 추상성과 공허함에 빠지게 된다. 이러한 입장은 『종교론』의 입장과 일맥상통한다. 종교적 직관을 통해 마련된 신앙의 새로움은 신앙인의 사적(私的)인 견해와 관점으로 만족할 것이 아니라, 교회 공동체 가운데서 공적(公的)으로 영향을 발휘할 수 있어야 하는 것이다.

보편과 개별의 교차 내지 공적인 것과 사적인 것의 교차를 추구하는 '교의학의 중간선'은 『기독교 신앙』에서 다음의 몇 가지 방식으로 구체화된다.[66] 첫째, 신앙론은 기존의 교의학으로부터 생겨나야 하지만 이에 대한 객관적인 서술로는 부족하다. 『신학연구서술』에서 다룬 역사신학에 교리신학이 덧붙여져야 하는 것이다. 이런 맥락에서 슐라이어마허는 터툴리

---

66) K. Nowak, *Schleiermacher*, 268쪽 이하 참조.

안과 아우구스티누스로까지 거슬러 올라가며 루터교회와 개혁교회의 고백서를 다루기도 한다. '신앙론'은 교의학의 유산을 잘 정리함으로써 개신교 교회의 통일에 기여할 수 있는 새로운 교의학을 서술하려고 한다.

둘째, 신앙론은 기존에 일반적으로 인정되어 온 것을 벗어나야 한다. 이것은 대체로 두 가지 방향에서 이루어져야 하는데, 그 하나는 전통 교의학의 틀을 벗어나는 것이며, 다른 하나는 체계적인 학문성이 결여된 채 일반적으로 통용되는 대중적인 교리문답의 틀을 벗어나는 것이다. 신앙론은 하나의 체계여야 하며 새로운 학문의 지반 위에서 정립되어야 한다. 체계로서의 신앙론에서는 그것이 서술하는 모든 부분들이 상호 연관되어 있어야 하며 서로 정합성을 유지해야 한다. 여기에는 그 어떤 자의적인 생각도 끼어들 수 없다. 『기독교 신앙』은 기독교인이 소유하는 '경건한 심정의 자극'을 서술해야 하지만 이를 자의적인 방식으로 서술하는 것이 아니라 철저하게 학문적으로 서술해야 한다. 이것은 슐라이어마허에 대한 그릇된 오해를 피하고 그가 주장하는 바의 진정한 의미를 파악하기 위해 대단히 중요한 대목이다. 교의학이 기독교적 심정을 학문적으로 서술하는 것과는 다른 어떤 것을 의도할 경우 이것은 기독교적 신앙과 무관하게 될 수 있으며, 기껏해야 하나의 '고상한 신학'이 되거나 '종교철학'이 될 뿐이다. 교의학은 종교철학의 도움을 받기는 하지만 종교철학과 엄밀하게 구별된다.[67] 그것은 전승된 기독교적 신앙과 신학적 전통을 벗어날 수 없다.

셋째, 『기독교 신앙』은 교회와의 연관 속에 있다. 신앙론은 교회를 지도하고 성장하게 하는 원동력이 되어야 한다. 교의학은 전통적인 교리와 연관해서는 자유로울 수 있지만 항상 교회와 더불어 있으며 교회 속에 있어야 한다. 교의학을 규정해 온 '자유'와 '결속'은 이러한 사실 이상을 지시하지 않는다. '교의학'은 교회의 역사를 중시하기 때문에 '성서주석' 및 '교회사'와 더불어 신학에서 중요하게 취급되어야 하는 하나의 분과일 뿐 이 둘 위에 군림하는 상위 분과일 수 없다.

이 책은 교회와 관련해서 특별한 목적을 갖고 있다. 슐라이어마허는 자신의 신앙론을 통해 일종의 교회일치를 시도하는 것이다. 교의학은 원래 개신교 교의학, 가톨릭 교의학, 동방정교의 교의학과 같이 지역교회 내지 고백교회의 신앙론이다. 그러나 슐라이어마허는 가능한 한에서 이러한 교회들에 모두 적용될 수 있는 교의학을 추구한다. 우선 루터교회와 개혁교회의 일치가 이루어져야 하고, 더 나아가 개신교 교회와 가톨릭교회의 일치가 성취되어야 한다. 그러나 『기독교 신앙』은

---

67) 같은 책, 270쪽 참조.

'개신교 교회의 원칙에 입각하여 연관에 따라 서술한 기독교 신앙'이라는 제목이 지시하는 것처럼 당연히 개신교회의 신앙론이다. 그렇지만 슐라이어마허는 교의학이 시대 제약적이라는 사실을 인정한다. "교리신학은 특정한 시대의 기독교 교회 공동체 내에서 유효한 가르침의 연관에 관한 학문이다." (CG[1] § 1, 9) 그는 변화된 교회의 상황에 따라 다른 교의학이 나올 수 있음을 암시한다.

『기독교 신앙』은 '경건의 본질'을 탐구하며 기독교적 경건의 특징을 밝힌다. 슐라이어마허는 '경건(Frömmigkeit)'을 의식이론의 테두리에서 설명하며 이를 '직접적 자기의식(unmittelbares Selbstbewußtsein)'의 최고단계로 규정한다. 교의학을 의식이론과 접목하고 이를 경건한 심정의 분석을 통해 상술하는 것은 슐라이어마허신학이 다른 신학과 구별되는 주요 특징이다. 이것은 교의학의 테두리를 벗어나 종교철학과 접목되며 더 나아가 철학 일반의 논의와 만난다. 주로 '서론'을 중심으로 펼쳐지고 있는 경건과 자기의식의 관계는 현재의 성신철학 논의에서도 중요하게 취급될 만큼 그 논의가 정교하고 현대적이다.

슐라이어마허는 경건을 직접적 자기의식의 최고단계라고 규정한다. 인간은 경건에서 세계와 관계할 뿐 아니라 신과도 관계하기 때문이다. 경건의 상태는 유한자인 인간이 무한자와 관계하는 것을 지시한다. 인간이 세계와 관계하는 것은 인간이 신과 관계하는 것과 구별된다. 슐라이어마허는 이것을 '자유감정'과 '절대의존감정'으로 구별한다. 인간은 세계와 관계하면서 자신을 세계의 한 부분으로 의식한다. 인간이 자신 가운데서 세계를 의식할 수 있다는 것은 스스로 세계에 영향을 끼칠 수 있다는 것을 말한다. 이것은 인간이 자유의식의 주체라는 사실을 보여준다. 이에 반해 인간은 신과 관계하지만 신에게까지 영향을 끼칠 수 없다. 오히려 인간은 스스로가 신에게 절대적으로 의존되어 있음을 느낀다. "경건의 본질은 우리가 우리 자신을 절대의존적으로 느끼는 것, 다시 말해서 우리가 신에게 의존하고 있음을 느끼는 것이다."(CG^1 § 9, 31) 따라서 신앙론은 경건한 심정을 분석하는 데 집중한다.

자기의식의 최고단계인 경건은 그것의 저급한 단계와 함께 등장한다. 절대의존감정은 감각적 감정과 함께 나타나는 것이다. "경건한 감정은 감각적 감정을 받아들임으로써 쾌와 불쾌의 대립에 관여한다."(CG^1 § 11, 38) 절대의존감정은 감각적 감정과 함께 할 때 신으로 향하는 감정과 신으로부터 멀어지려는 감정으로 분열된다. 경건한 감정에서 다양한 분심이 일어나는 것은 이와 같은 경건과 감각의 혼합관계에서 잘 설명된다.

『기독교 신앙』에서 새롭게 시도되는 신앙의 토대는 '심정의 자극(Gemütserregung)'이며 '경건한 심정'이다. 일반적으로 슐라이어마허에 붙여지는 '주관성 신학'이라는 규정은 그가 바로 경건한 의식의 상태를 신학의 토대로 삼은 데서 유래한 것이다. 그러나 심정의 자극이 모두 신앙과 종교로 귀결된다면, 신앙은 그 어떤 유형이든 경건한 심정의 상태에 따라 구별될 뿐이지 근본적으로는 모두 동일하다는 비판을 피할 수 없게 된다. 실제로 슐라이어마허는 역사 속에 등장한 여러 종교들을 이러한 방식으로 구별한다. 경건한 감정과 감각적 감정의 혼합을 공동체에 적용하면 여기서 물신종교, 다신종교, 일신종교 등과 같은 상이한 종교가 등장한다는 것이다. 『종교론』에서는 이러한 구별을 우주를 직관하는 방식의 차이에서 설명하는 반면, 『기독교 신앙』에서는 경건한 감정과 감각적 감정의 혼합 정도의 차이를 통해 설명하고 있다.

그렇다면 기독교는 다른 종교와 어떻게 구별되는가? 신학사가들이 슐라이어마허에게 끊임없이 자유주의라는 혐의를 둔다면 이는 대부분 슐라이어마허의 신앙 개념이 경건한 심정에 토대를 두고 있다는 사실에 기인한다. 그러나 슐라이어마허는 이러한 평가와 비판을 예견했을 뿐 아니라 이에 맞설 수 있는 신학적 논거를 마련해 놓았다. 그는 기독교와 다른 종교의 차이를 기독교적인 경건이 갖는 목적론적인 방향에서 찾는다. "기독교는 그 목적론적인 방향에서 특유한 경건의 형태를 지니는데, 이것은 개별적인 경건의 모습들이 모두 나사렛 예수의 인격에 의해 이루어지는 구원의 의식에 관계한다는 사실을 통해 다른 모든 경건의 형태와 구별된다."(CG[1] § 18, 61)

따라서 신앙론은 이와 같은 경건의 형태를 구체적으로 서술하는 데 바쳐져야 한다. 그것은 구원의 개념을 구체화하고 기독교 신앙이 보여주는 기독론적인 매개를 날카롭게 드러내며 그리스도를 중심으로 하는 교회 공동체가 어떠한 특징을 지녀야 하는지를 밝히는 일이다. 슐라이어마허에게는 이 모든 내용들이 기독교적인 심정의 자극과 관련되어 있다는 사실이 중요하다. 그리스도와 그의 구원과 교회가 경건한 심정 가운데서 그때마다 늘 새로운 모습으로 살아있어야 하는 것이다. 교의학의 출발점을 경건한 심정의 상태에서 찾는 것은 신학의 흐름을 근본적으로 바꾸어 놓은 전혀 새로운 시도이다. 이러한 주관성의 신학에서 중요한 것은 계시가 근본적으로 심정의 상태와 관련되어 있다는 것이며, 생생한 체험으로 구체화된 계시가 살아있는 신앙의 역사로 연결된다는 사실이다. 교리와 계시는 신앙인의 경건한 심정을 떠날 때 추상성을 벗어날 수 없다.

『기독교 신앙』은 기독교적인 경건한 자기의식에 대한 학문적 분석이다. 경건한 심정은 쪼개지지 않은 순수한 모습을 간

4. 신학사상 — 감동과 영성의 신학

직할 수 있는가 하면 이를 상실하고 다른 심정상태와 대립하는 모습으로 전락할 수도 있다. 신앙론은 전자를 '경건한 심정상태 그 자체'의 모습으로 서술하고, 후자를 '자연적·감각적 심정과 대립하는 경건한 심정'으로 서술한다. 특히 후자는 '불쾌의 감정'과 '쾌의 감정' 간의 대립 내지 죄와 은총의 대립으로 나타난다. 경건한 심정에 대한 이러한 고찰은 『기독교 신앙』의 제1부와 제2부의 제목과도 일치한다. 「인간적인 자연속성 가운데 내재하는 경건한 자기의식의 전개」와 「사라져야 할 대립이 형성되어 있는 것과 똑같은 모습으로 내재하는 신 의식의 전개」가 그것이다. 경건한 심정의 상태는 인간이 신에게 절대적으로 의존하고 있음을 느끼는 신 의식(神 意識, Gottesbewußtsein)이다. 신 의식은 경건한 심정상태 그 자체이다. 신 의식과 구별되는 의식으로는 불쾌의 감정에서 나오는 '죄 의식(Sündenbewußtsein)'과 쾌의 감정에서 나오는 '은총 의식(Gnadenbewußtsein)'이 있다. 결국 신앙론은 인간의 다양한 심정상태에 대한 기술이다. 다시 말해서 인간 가운데 내재하는 신의 속성과 세계의 속성에 대한 기술인 것이다.

따라서 『기독교 신앙』의 구조는 다음과 같이 도표로 정리될 수 있다.[68]

---

68) H. Fischer, 105쪽.

서론				
제1부		제2부		
경건한 자기의식 그 자체		죄와 은총의 대립 가운데 있는 경건한 자기의식		
인간	창조와 보존	인간	죄	은총(기독론, 구세론 Soteriologie, 重生, 聖化)
신	영원, 편재(遍在), 전지, 전능	세계	사악(Übel)	교회론 Ekklesiologie, 종말론
세계	세계와 인간의 근원적 완전성	신	거룩함, 의로움	사랑, 지혜
결론: 삼위일체론				

슐라이어마허는 삼위일체론을 신앙론의 결론으로 삼고 있지만 이것을 1부와 2부의 진정한 종합으로 간주하지 않는다. "삼위일체론은 기독교 교의학의 진정한 종석(宗石)"(§ 186, II, 357)이어야 하지만 이것은 신학적으로 아직 만족스러운 모습으로 정리되지 않았다는 것이다. 교리를 그때마다의 경건한 자기의식의 직접적인 표현으로 간주하는 슐라이어마허는 기존의 삼위일체론이 이러한 표현을 체계적으로 완전하게 담아낸 것으로 생각하지 않는다. 이것은 교리를 종교적 직관에 대한 2차적 반성에 지나지 않는 것으로 평가하는 『종교론』의 주장과 일맥상통한다. 슐라이어마허는 이와 다른 관점에서 인간의 경건한 자기의식은 삼위일체의 신을 담아낼 수 있는 적절한 장소가 되지 못하기 때문에 삼위일체론은 자기의식으로

부터 출발하는 신앙론에 더해서 또 다른 신학적 설명을 요구한다고도 주장한다.[69]

『기독교 신앙』은 근대 개신교 신학의 고전이다. 여기서 '고전'이라는 규정은 쉽게 흔들리지 않는 학문성에 토대를 둔 개신교 신학의 새로운 출발점이라는 의미를 갖는다. 신앙론의 학문성은 신학의 학문적 자유와 교회의 구속 사이에서 균형을 잃지 않는다. 학문에 기울어지면 교회의 전승이 손상당하며, 교회의 전승에 매달리면 시대정신에 역행하는 오류를 범하게 되기 때문이다. 『종교론』이 계몽주의의 종교비판을 극복하고 종교에 새로운 토대를 마련해준 것같이 『기독교 신앙』도 교의학을 더 이상 받아들여지지 않는 교리적 전통에서 해방시킴으로써 이를 당시의 시대정신에 걸맞은 모습으로 변모시켰다. 이것은 슐라이어마허의 주관성 신학이 이룩한 획기적인 성과이다. 그의 주관성 신학은 흔들림이 없는 교회적 전승과 시대의 자유로운 학문정신을 훌륭하게 결합하고 있기 때문이다. 이러한 결합점이 바로 '경건한 자기의식'이다. 경건한 자기의식은 의식이론의 테두리 내에서 설명되는 것으로서, 한편으로 시대의 자유로운 학문정신과 통하며 다른 한편으로 '신 의식'으로서 전통적인 교회의 가르침과 통하는 것이다.

---

69) Nowak, 같은 책, 275쪽 이하 참조.

기독교의 교리는 이제 예전과 같이 무조건적으로 주장되는 것이 아니라 경건한 자기의식의 토대 위에서 학문적으로 설명된다. 말하자면 계시나 말씀이나 교회적 전통과 같은 외연적인 현실은 이제 내재적으로 기술되는 것이다. 「요한복음」의 말씀과 같이 초월적인 말씀은 이제 육신이 되었다.[70]

주관성 신학은 신 중심적 신학을 단순히 인간 중심적 신학으로 바꾸어 놓은 것으로 곡해될 수 없다. 신 중심적이든 인간 중심적이든 문제의 중심이 신에게 있다면, 인간이 도대체 받아들일 수 없거나 인간에게 추상적으로 남아 있는 신이 아니라, 인간에게 진정으로 와 닿을 수 있고 인간의 삶을 실질적으로 변화시킬 수 있는 신에 대한 탐구가 진정한 신학으로 간주된다. 신 중심적 신학은 결코 신이 될 수 없는 인간이 신의 입장에서 신학을 구성하는 것으로서 신앙적으로는 일견 바람직한 모습으로 간주될 수 있을지 모른다. 그러나 이것은 인간성의 역사를 전적으로 도외시한 것에 불과하다. 신학도 인간의 조건 속에서 이루어져야 한다. 인간은 자기반성을 통해 자각적인 자신을 형성해 왔으며, 이것의 도움으로 추상적인 진리가 아니라 구체적인 진리를 획득할 수 있게 되었으므로, 기독교 신앙의 보편적 진리도 인간의 자기반성의 틀 속에

---

70) 같은 책, 277쪽 참조.

서만 구체적인 진리가 될 수 있다. 직접적 자기의식은 자각의 최고단계이며 경건한 자기의식은 직접적 자기의식의 최고점이다. 그러나 슐라이어마허에게 이 최고점은 신 없는 인간의 최고점이 아니라 인간이 그리스도와 만나는 최고점이다. 결국 인간은 경건한 자기의식 가운데서 그리스도를 통해 이루어지는 구원에 참여한다. 신의 계시는 인간이 이해할 수 없고 느낄 수 없는 초월적인 것으로 머물 수 없다. 따라서 "신의 완전한 계시는 인간성의 구원과 일치한다. 구속사, 의식의 과정, 세계의 과정은 서로에게로 침투되어 나타난다."[71]

주관성 신학의 입장을 취하는 『기독교 신앙』에서 핵심을 이루는 부분은 당연히 기독론(Christologie)이다. 세계에 대한 자유감정이나 신에 대한 의존감정은 그리스도의 구원에 대한 의식에서 최고의 상태에 도달하며 완전한 주관성에 이른다. 경건한 감정과 감각적 감정의 대립으로 나타나는 인간의 일상적 상태는 구원의 상태와 맞서 있다. 그러나 경건한 감정에 내재하는 완전한 존재에 대한 의식은 이러한 대립과 분열을 넘어서는 근원적인 통일의 의식이다. 신앙을 갖는 것은 바로 이러한 구원의 의식을 갖는 것이며, 이는 그리스도의 의식을 갖는 것과 다르지 않다. 그리스도 안에서는 신적인 속성과 인

---

71) 같은 책, 278쪽.

간적인 속성이 하나의 인격으로 결합되어 있다.(§ 118 이하 참조) 그러나 이 인격은 경건한 감정과 감각적 감정이 대립하는 인격이 아니라, 그 가운데 신 의식이 내재하는 인격이며 그렇기 때문에 근원적으로 통일을 이룬 인격이다. 따라서 이 인격은 분열에 휩싸인 인간의 성정을 넘어가는 전혀 새로운 통합의 삶을 가능하게 한다. 그리스도는 새로운 삶의 출발점이다.

'신앙론' 논쟁과 개정판(1830/31)[72]

『기독교 신앙』은 출간 직후부터 여러 논쟁과 비판에 휩싸였다. 비판의 목소리에 비해 이 책을 적극적으로 평가하고 수용하는 목소리는 상대적으로 미미했다. 슐라이어마허는 종교개혁의 유산을 적극적으로 수용할 뿐 아니라 그 정신을 최고의 지평으로 끌어올리려고 했다. 그러나 당시의 신학적 분위기는 『기독교 신앙』에 대해 우호적인 반응을 보이지 않았다. 북부 독일의 루터파를 대표하는 하름스(C. Harms), 톨룩(A. G. Tholuck)과 헹스텐베르크(E. W. Hengstenberg)가 주도한

---

[72] *Der christliche Glaube nach den Grundsätzen der evangelischen Kirche im Zusammenhange dargestellt,* von Friedrich Schleiermacher (1830/31), hrsg. von Martin Redeker, Berlin/New York, ^{7}1960. (=CG^2)

각성운동(Erweckungsbewegung)은 슐라이어마허와 마찬가지로 종교개혁의 정신을 철저하게 구현하려고 했음에도 불구하고 슐라이어마허를 반기지 않았다. 더 나아가 '이성적 기독교'를 옹호하는 신학적 계몽주의(Paulus, Wegscheider, Tzschirner, Bretschneider), 반계몽주의적인 '초자연주의'(C. B. Klaiber, J. C. F. Steudel), 독일관념론과 역사주의에 영향을 받은 신학(F. Ch. Baur) 등도 슐라이어마허를 달가워하지 않았다. 슐라이어마허의 신앙론은 합리적이지 않을 뿐 아니라 초자연주의적이지도 않고, 각성적이지 않는가 하면 신조주의적(konfessionalistisch)이지도 않으며, 철학적이거나 사변적이지도 않기 때문이다.73) 슐라이어마허의 신앙론은 당시 프로테스탄트 신학을 대변하는 그 어떤 입장과도 동일하지 않았던 것이다.

신학적 계몽주의 진영에서 나온 비판의 요지는 슐라이어마허가 이성과 도덕을 신앙에서 배제했다는 데 있다. 말하자면 신앙을 직접적 자기의식과 절대의존감정과 같은 내면성에 둘 경우 이성과 신앙 간의 매개가 불가능하게 되어서, 결국 인간이 소유하는 이성적인 부분이 신앙과 무관하게 된다는 것이다. 이성과 감정은 상호제약적인 것으로서 신앙에도 이 두 능력이 함께 관계해야 하는데, 이성이 뒤로 밀려나고 감정이 전

---

73) 같은 책, 410쪽 참조.

면에 등장하게 되면 신앙은 불가피하게 신비론에 빠지게 된다. 신비적인 빛깔을 띠는 신앙은 지극히 개인적이며 내면적이고 심지어 열광적이기도 하기 때문에 공동체와 무관하며 공동체성을 가능하게 하는 도덕성과도 상관이 없다.

반계몽주의적인 초자연주의는 슐라이어마허가 범신론에 빠졌다고 비판한다. 이러한 비판에 의하면 『기독교 신앙』은 신앙을 위해 경건한 감정이나 직접적 자기의식과 같은 인간적인 가능성을 강조하므로 지극히 자연주의적인 입장을 취한다. 인간적인 가능성에서 출발하는 신앙에서는 신 자체가 다루어지지 않으며 오로지 인간에게 나타난 신이나 세계 가운데 현상한 신만이 중요하게 받아들여진다. 이렇게 되면 세계나 인간 없는 신은 불가능하게 된다. 신은 오로지 세계와 인간 가운데서 이 둘의 실제적인 존재 근거로만 기능하는 것이다. 초자연주의는 이러한 신을 탈인격적 신으로 간주한다.

종교적 각성운동과 신조주의에서 나오는 비판은 슐라이어마허의 신앙론이 신앙과 비신앙 사이에 분명한 선을 긋지 않는다는 데 초점을 맞춘다. 슐라이어마허는 기독교 신앙에서 당연하게 받아들여야 하는 내용인 메시야 사상, 세계와 인간의 유한성, 창조와 심판의 교리적 개념을 중요하게 다루지 않는다는 것이다. 독일관념론의 영향 하에 있는 튀빙엔 신학부의 바우어는 슐라이어마허의 신앙론이 역사성을 결여하고 있다고 비판한다. 『기독교 신앙』은 주관주의에 빠짐으로써 기독교의 객관성을 상실하게 되었는데, 여기서는 역사적인 것이 간과됨으로써 신앙이 갖는 원형적인 것과 그 역사적 변형이 구별되지 않는다는 것이다. 바우어는 슐라이어마허가 역사적 예수로부터 출발하는 것을 비판하면서 그에게는 원형적으로 받아들여져야 하는 구속자와 역사적 예수 사이의 구별이 없다고 주장하기까지 한다.[74]

베를린대학의 동료인 헤겔의 비판은 잘 알려져 있다. 헤겔은 플라톤의 변증법에서 영향을 받은 것이나, 칸트 철학의 극복이라는 철학사적 연관에서 슐라이어마허와 많은 부분을 공유하지만, 그가 표방하는 정신철학과 사변적 방법의 관점에서 자신의 선임자를 혹독하게 비판한다. 사실 헤겔은 『기독교 신앙』의 출간에 적지 않은 충격을 받았으며, 이에 맞서기 위해 종교철학강의를 처음으로 개설한다. 종교문제에 대한 관심은 그의 초기 사상까지 거슬러 올라가지만 '종교철학'이라는 이름의 본격적인 강의는 1821년에 비로소 시작된다. 헤겔의 비판은 슐라이어마허가 신앙을 '절대의존감정'으로 규정한 것을 겨냥한다. 역사 속에 등장한 여러 종교들을 사변적 관점에서 재구성하는 헤겔은 종교에서 의존성이 중요하게 다루어지는

---

74) 같은 책, 412쪽 참조.

경우는 유한한 종교이며, 기독교는 완전한 종교로서 이러한 유한성을 넘어서 있다고 주장한다. 예컨대 이스라엘이나 로마의 종교에서는 공포와 의존성의 감정이 지배적이지만 기독교 신앙의 목표는 자유에 있다는 것이다. 슐라이어마허에 대한 신랄한 비판은 헤겔이 그의 제자 힌리히스(Hinrichs)가 쓴 책의 서문에서 극명하게 드러난다. "만약 종교가 인간의 감정에만 토대를 둔다면 그것은 의존감정 이상의 규정을 갖지 못하며, 그렇다면 개가 최고의 기독교인일 것이다. 왜냐하면 개야말로 이 의존감정을 가장 강하게 지니고 있으며 이 감정에서 훌륭한 삶을 영위하기 때문이다."[75] 헤겔의 사변적 관점에서는 신앙인 개인의 종교적 감정이 절대자나 절대적 진리와는 무관하며 기껏해야 개인의 견해(Meinen)에 불과하다.

『기독교 신앙』은 이들 비판에 맞설 수 있는 저력을 갖고 있었다. 슐라이어마허의 '신앙론'은 그렇게 단순하게 집필된 것이 아니기 때문이다. 저자는 비판들에 대해 일일이 반응하지 않았으며, 그가 볼 때 그렇게 중요하지 않거나 온당하지 않은 비판은 자기소멸의 운명에 처하도록 내버려두었다. 그러나 거장의 책은 그야말로 '똑똑한' 독자나 제자의 손을 통해

---

[75] G. W. F. Hegel, "Vorrede zu Hinrichs Religionsphilosophie", *Die Religion im inneren Verhältnisse zur Wissenschaft*, in: Ders, *Berliner Schriften 1818~1831*, Frankfurt/M., 42쪽.

그 의미를 확산하는 계기를 경험하지는 못했다. 슐라이어마허는 1827년 무렵부터 '신앙론'의 개작을 염두에 두었으며 이를 계기로 나온 글이 저 유명한 「뤼케 박사에게 보내는 공개서한(Sendschreiben an Dr. Lücke)」이다. 1828년에 쓰어진 두 편의 서한은 다양한 시각의 비판들을 검증하고 '신앙론'이 갖는 시대사적 의미를 재평가하는 데 초점을 맞추었다. '공개서한'은 당연히 『기독교 신앙』의 개정판 집필에 중요한 계기로 작용한다.

슐라이어마허는 『기독교 신앙』에 쏟아진 비판이 대체로 두 가지 방향에서 나온 것으로 판단했다. 하나는 개신교의 보수주의적 입장이며 다른 하나는 당시 철학의 계몽주의적 입장이다. 그러나 그는 이러한 비판의 방향들이 시대착오적이라고 생각했다. 기독교의 전통적인 개념과 어법은 시대의 역사적, 학문적 변화와 상관없이 동일하게 고수되어야 하며 이를 어기는 모든 탐구는 그 자체가 사탄의 것이라는 비판을 받아들일 수 없다는 것이다. 슐라이어마허가 중요하게 생각하는 것은 시대가 수많은 시행착오와 뼈아픈 자기반성 끝에 내어놓는 삶과 학문의 결실들이다. 옛것을 불변의 것으로 고수하는 길만이 진리를 지키고 드러내는 유일한 길이 아니며, 새롭게 등장하는 학문과 삶의 방식도 전승된 진리와 마찬가지로 중요하다. 전통적인 기독교만이 진리를 옹호하며 새로운 학문은 비진리와 불신앙에 불과하다는 주장이 가능하다면, 전통적인 기독교는 시대에 뒤떨어진 야만이며 새로운 학문과 삶의 방식은 사람들에게 자유를 가져다주는 생동적인 것이라는 주장도 가능하다는 것이다.

이러한 맥락에서 슐라이어마허는 역사성과 역사주의를 신학이 소화해야 할 새로운 관점으로 받아들인다. 신학은 계시와 전승을 객관적으로 다루되 이것을 역사적·비판적 조명하에 두어야 한다. 넓은 의미에서 본다면 이러한 입장은 종교와 철학의 만남 내지 신앙과 학문의 조화를 지향하며 계시와 학문의 엄격한 이분법을 고수하지 않는다. 인간에게 주어져 있는 사변적인 능력은 반드시 계시와 대립하는 것은 아니다. 사람들은 가슴으로 계시를 받아들이며 이것에 감동받은 삶을 영위해야 하지만, 동시에 이것을 냉철하게 판단할 수 있는 사변적 용기도 포기해서는 안 된다. 특히 과학이 발달하고 역사주의가 주목받는 시대에는 이 두 방향의 병행이 각별히 요구된다. 주관성과 무관하게 주어지는 도그마는 어떤 방식으로든 인간의 내면성 가운데서 되살아나야 하며, 개인적인 방식으로 일어나는 계시의 의미는 이와 동일한 의미를 소유하는 타자를 확인하고 서로가 서로에게 의미를 전달하는 공동성의 단계에 들어서야 한다. 공동성은 역사성과 비판 없이는 이루어지지 않는다.

이러한 공개서한의 입장은 『기독교 신앙』을 개정하는 중요한 기준이 된다. 1830년과 1831년에 나온 개정판은 1판에 대한 비판을 염두에 둔 것이기는 했지만 1판에 대한 전면적인 개작은 결코 아니다. 저자는 비판에 답하기보다 오히려 비판의 대상이 된 자신의 입장을 더욱 분명히 하고 이를 정확하게 전달하려고 했다. 어렵게 표현된 부분을 다듬고 불명료하게 보이는 부분을 더욱 명료하게 하는 등, 내용을 근본적으로 수정하는 것보다는 동일한 내용을 시대분위기에 걸맞은 모습으로 효과적으로 전달하는 데 더 많은 심혈을 기울인다. 개정판에 나타난 의미 있는 변화는 '신앙론'의 학문적 명료화라 할 수 있다. 이러한 작업은 너무 체계적인 서술에 치중했다는 또 다른 비판을 야기할 정도로 치밀하게 이루어졌다. 2판 서론은 1판에서 뒤얽혀 표현되어 있는 교리적인 부분과 이것에 접근하는 방법론을 분명하게 구별한다. 이것은 「교의학의 설명」(1장)과 「교의학의 방법론」(2장)으로 이름 붙여진 2판 서론의 두 제목이 잘 보여준다. 전자는 신앙론이 지향하는 교의학의 내용에 집중하며, 후자는 그것에 이를 수 있는 학문적 방법에 몰두한다.

2판이 집중적으로 다루는 문제는 무엇보다 '절대의존감정'에 있다. 이것은 교리적인 주제이면서 동시에 종교철학적 주제이다. 오늘날 의식이론에 관심을 갖는 철학의 진영에서 가장 많이 조회한 텍스트 가운데 하나가 『기독교 신앙』의 서론이라는 사실은 이를 잘 반영한다.

앞에서도 언급했듯이 『기독교 신앙』은 '경건한 기독교적 자기의식'에 대한 분석이다. 이 책은 이러한 자기의식을 '절대의존감정'으로 규정하면서 기독교 신학의 전반적인 문제를 재구성한다. 이 책이 근본 범주로 다루는 '직접적 자기의식'은 일반적인 의존감정이 아니라 기독교적인 의존감정이며 이는 당연히 나사렛 예수에 의해 성취된 구원에 관계하는 의존감정이다. 『기독교 신앙』은 자기의식이나 의존감정을 중심으로 논의를 전개하기 때문에 '자연신학'의 범주에 속한다는 주장이 있을 수 있지만, 슐라이어마허는 이를 단호히 배격하고 이 책을 교의학으로 규정한다. 왜냐하면 여기서 자기의식이나 의존감정은 일반적인 맥락에서 사용되는 것이 아니라 철저하게 기독교적인 것에만 관계하기 때문이다. 따라서 이 책이 다루는 신과 세계는 사변적 신론이나 사변적 우주론과 성격을 달리해야 한다. 신과 세계는 인간의 절대의존감정과 관련하여 다루어질 때 비로소 교의학적으로 설명될 수 있다. 이런 점에서 교의학적인 근본 형식은 '인간 삶의 상태' 내지 '기독교인의 내적 경험'에 대한 기술이 되어야 하며, 신과 세계는 이러한 내적 경험의 연관에서 규정되어야 한다. 이것은 『기독교 신앙』의 목차구성에 토대를 이룰 뿐 아니라 책 전체의 방법적 원칙이다. 신과 세계는 인간(의 자기의식)에 대한 서술 이후에 등장한다.

2판의 서론은 1판에서 구별 없이 서술된 내용들을 세분한다. 교의학을 설명하는 서론의 1장은 네 부분으로 이루어져 있다. 3절에서 6절까지는 '윤리학에서 도출한 보조정리(Lehnsätze)'인 '교회 개념'을 다루며, 7절에서 10절까지는 '종교철학에서 도출한 보조정리'인 '경건한 공동체의 상이성'을 다룬다. 11절에서 14절까지는 '변증론에서 도출한 보조정리'인 기독교의 본질규정을 밝히며, 마지막으로 15절에서 19절까지는 '교의학과 기독교적 경건의 관계'를 다룬다. 서론 2장은 '교의학의 방법론'이라는 틀 속에서 '교의학적 소재의 분리'와 '교의학의 구성'을 서술한다.

'교회의 개념'을 다루는 1장의 첫 부분에서는 기독교의 본질을 경건으로 간주하고 경건이 형성하는 교회 공동체를 설명한다. 경건은 모든 교회 공동체의 토대로서 "지식도 행위도 아니며 감정과 직접적 자기의식의 규정성이다."(CG^2 § 3) 이렇게 규정되는 경건은 '절대의존감정' 내지 '신 의식'(§ 4)으로, 그리고 '직접적 자기의식의 최고단계'(§ 5)로 해석된다. 더 나아가 경건은 교회 공동체와 관계하는 인간 본성의 근본요소로 간주된다.(§ 6) 경건과 교회의 관계가 윤리학의 문제라는 사실은 슐라이어마허의 『윤리학』에서 확인된다. 여기서 교회는 '개인적·상징적 행위의 형태'로 규정된다.[76] 교회는 개인적인 상징행위의 공동체이며 경건한 자기의식의 교호적 계시의 공동체인 것이다. 이러한 교호성과 상호전달의 차원은 『종교론』 넷째 강연에서 언급된 바 있다.

둘째 부분은 경건한 공동체의 상이성을 다양한 방식으로 분석한다. 경건한 공동체는 역사적으로 등장한 공동체의 상이한 전개단계와 상이한 방식에 따라 상이하게 나타난다.(§ 7) 모든 유한자가 최고 존재와 무한자에게 의존하고 있음을 밝히는 유일신론적인 경건은 최고단계의 공동체를 지시하는 반면, 다른 경건은 유일신론적인 경건에 종속적이다. 유일신론에 대해 하부에 속하는 것은 물신주의와 다신론이다.(§ 8) 더 나아가 경건의 형태는 자연적인 인간상태과 인륜적인 인간상태의 상호관계에서 결정된다. 자연적 상태가 인륜적 상태에 종속되면 보다 높은 경건의 공동체를 형성하며, 인륜적 상태가 자연적 상태에 종속되면 보다 낮은 경건의 공동체를 형성한다. 이것은 목적론적 경건과 심미적 경건의 상호종속관계에도 관련된다.(§ 9) 또한 공동체적 경건의 형태는 한편으로는 외적으로 특정의 시작점에서 형성된 역사적인 것이며 다른 한편으로는 내적으로 기존의 신앙방식을 고유한 모습으로 변

---

76) 본서 '윤리학' 부분 100쪽 참조.

형한 것이다.(§ 10) 이러한 분류는 종교철학 및 종교현상학의 처리방식과 깊이 연관되어 있다.

셋째 부분은 앞의 분석을 토대로 하여 기독교의 본질을 밝힌다. "기독교는 경건의 목적론적 방향에 속하는 일신론적(一神論的) 신앙방식이며, 이 경건의 모든 것은 나사렛 예수를 통해 성취된 구원에 관련된다는 사실을 통해 다른 경건과 본질적으로 구별된다."(§ 11) 기독교는 유대교와 특별한 역사적 관계를 맺지만,(§ 12) 역사 속에 구속자가 나타난 기독론적 매개의 사실을 신의 계시로 받아들인다. 이러한 구원의 사건은 전적으로 초자연적인 것이 아니며 전적으로 초이성적인 것도 아니다.(§ 13) 또한 기독교적 공동체에 참여하는 방법은 구속자인 예수에 대한 신앙 바깥에서는 결코 찾을 수 없다.(§ 14)

서론 1장의 넷째 부분은 교의학과 기독교적 경건의 관계를 밝힌다. 기독교 신앙의 명제는 기독교적인 경건의 심정상태에 대한 파악이며, 교의적 명제는 가능한 한 최고 등급의 규정을 지향하는 신앙명제이다. 특히 교의적 명제는 교회적 가치와 학문적 가치를 갖는데, 이 명제의 완전성은 이 둘의 관계를 통해서 규정된다.(§ 17) 요컨대 슐라이어마허가 지향하는 "교리신학은 일정한 시대의 기독교 교회 공동체에서 유효한 가르침의 연관에 관한 학문"이다.(§ 19)

서론 2장이 다루는 교의학의 방법론은 교리신학을 서술하는 신앙론 가운데 받아들이거나 이로부터 배제하는 명제를 결정하는 규칙을 문제 삼는다. 여기서는 총체적인 교의적 소재로부터 이교적인 것을 제거하고 오로지 교회적인 것만을 보존하는 것이 관건이다. 슐라이어마허는 개신교 교회와 가톨릭교회의 대립관계 뿐 아니라 개혁교회와 루터교회의 대립관계를 다루면서 이러한 대립을 극복할 수 있는 신앙론을 제시한다. 진정한 신앙론은 경건한 자기의식의 사실을 구원의 개념을 통해 규정하고, 구원의 개념에 표현되어 있는 대립을 경건한 자기의식의 사실을 전제함으로써 설명하는 데서 성취된다.(§ 29)

본론의 내용은 크게 '죄론 및 은총론', '기독론', '교회론'의 세 가지로 구별된다. 강조한 바와 같이 슐라이어마허의 신앙론은 경건한 자기의식 내지 의존감정에 토대를 둔다. 그러나 경건한 자기의식은 아무런 의식의 분열 없는 경건한 심정으로 나타나기도 하며, 죄와 은총의 대립구조 가운데 나타나기도 한다. 대립 없는 자기의식과 대립 속에 있는 자기의식의 구별은 실제의 사실이라기보다 설명을 위해 마련된 것이다. 실제의 삶에서 쉽게 확인되는 죄와 은총의 대립은 아무런 대립 없는 의존감정 위에서 이루어지고 있다. 죄와 은총의 대립을 아는 의식에는 이미 이 대립에 의해 규정될 수 없는 어떤 것이 전제되어 있다. 신 의식이 죄와 은총의 대립경험에 앞서 전제되어 있는 것이다. "알려져 있는 (구원의) 능력에 선행하는 상태는 절대적인 신 망각일 수 없으며 단순히 신 의식을 지향하는 아무런 내용 없는 노력일 수도 없다. 오히려 신 의식이 어떻게든 자기의식 가운데 주어져 있어야 한다."(§ 29,1 =I, 161) 의식이 죄의 의식과 은총의 의식으로 분리되기 전에 이미 신 의식이 주어져 있는 것이다. 이것은 슐라이어마허 교의학의 근본이며 주관성 신학의 근간이다.

사실상 경건한 자기의식은 순수하게 주어져 있을 수 없다. 그것은 항상 쾌와 불쾌로 규정되는 감각적 자기의식의 자극과 결합되어 있으며 신 의식을 촉진하거나 방해하는 대립 가운데 있다. 신 의식이 아무런 방해를 받지 않는 절대적인 경쾌함을 지향하면 인간의 심정은 신과 함께 있는 반면, 신 의식이 이와 반대방향으로 나아가 방해를 받는다면 인간의 심정은 신과 분리된다. 죄는 다름 아니라 신과 분리된 인간의 근원적인 행위를 지시한다. 죄는 신 의식을 향해 나아가는 인간적 자기의식이 방해받은 상태를 뜻한다. 이에 반해 신과 함께 있는 심정은 은총의 상태를 지시하는데, 이는 예수 구원의 역사에 기인하는 행위이다. 그리스도 안에서는 신 의식을 향해 나아가는 인간적 자기의식의 전개가 아무런 방해를 받지 않고 성취된다.

그러나 신의 완전한 속성이 죄에 대한 설명과 결합되어 있다는 사실은 슐라이어마허의 죄론을 어려움에 빠뜨린다. 그에 대한 많은 비판도 이 점과 관련되어 있다. 죄는 한편으로 신의 근원성을 통해 지양되어야 하지만, 다른 한편으로 신의 근원성은 죄와 관계하는 신의 속성과 함께 있다. 죄는 은총을 통해 극복되어야 하는 것이지만 동시에 신에 의해 정해진 것으로서 구원을 향한 삶의 연관이자 세계연관이다.

신앙론의 핵심 주제는 기독교인의 구원과 관련되는 기독론(Christologie)에 있다. 슐라이어마허는 '신앙론'의 토대에 해당하는 말씀으로 「요한복음」 1장 14절을 든다.77) 따라서 기독론은 기독교적으로 경건한 자기의식을 그리스도에 의해 성취된 구원과 은총에 입각하여 서술한다. 구원과 은총의 의식은 나사렛 예수의 인격과 직접적으로 만날 때 이루어진다기보다 신의 영향 하에 있는 총체적인 새로운 삶(neues Gesamtleben)에 의해 이루어진다. 우리는 기독교적인 삶을 통해 죄와 대립하는 지복의 상태에 가까이 다가가는 것을 의식할 수 있는데, 이러한 지복의 상태는 신의 역사하심 가운데 있는 총체적인 새로운 삶에 토대를 둔다. 신의 영향 하에서 새롭게 변화된 삶의 총체성은 교회를 통하지 않고는 불가능하므로, 기독론은 애당초 기독교 교회론(Ekklesiologie)과 결합되어 있다. 왜냐하면 새롭게 변화된 삶의 중심에는 구원자인 그리스도의 활동

---

77) "말씀이 육신이 되어 우리 가운데 거하시매 우리가 그 영광을 보니 아버지의 독생자의 영광이요 은혜와 진리가 충만하더라."

이 이미 깃들어 있으며 이러한 활동은 교회를 통해 연속적으로 일어나기 때문이다.

기독론과 교회론의 결합에서 중요한 것은 구원자와 기독교적 구원의식 간의 내적인 연관이다. 슐라이어마허의 기독론은 현재의 신앙경험을 신앙적 경험의 근원으로 거슬러 올라가서 도출하는 방식을 취하지 않는다. 그것은 오히려 구원의 의식으로부터 구원자로 거슬러 올라가는 일종의 귀납추리방식을 사용한다. 슐라이어마허에게는 현재의 감동과 경건에서 나오는 구원의 의식이 현재와 무관하게 상정되는 근원적 경험보다 더 중요한 것이다. 이런 맥락에서 슐라이어마허는 "우리의 총체적 삶을 신의 역사하심으로 이루어진 것으로 간주하는 것과, 우리의 총체적 삶을 신적으로 주어진 존재인 그리스도로부터 도출하는 것은 전적으로 동일"(§ 87, 3)하다고 말한다. 주어진 역사적 사실로부터 현재의 신앙경험을 도출하는 것보다 늘 새로운 현재의 경건한 삶과 구원자 사이의 내적 연관을 발견하는 일이 더 중요한 것이다. 이러한 내적 연관은 죄를 피할 수 없는 신앙인의 총체적 삶이 그리스도의 온전한 무죄성을 전달할 때 구체적으로 드러난다. 여기서 신앙인의 삶과 구원자는 하나의 연관 가운데 있다.

신앙인의 신 의식은 그리스도의 초자연성에 뿌리를 둔다. 신앙인의 신 의식은 죄에 물들어 있는 총체적인 삶에서 나오는 것이 아니라 그리스도의 초자연성에서 나온다. 여기서 초자연성은 그리스도의 근원성을 지시하는데, 이 근원성은 죄와 연관된 총체적인 삶의 맥락을 완전히 벗어나 있다. 이 점에서 그리스도는 인간성의 역사적 전개와 발전을 통해 형성된 존재가 아니다. 그렇지만 그는 근원적 존재이면서 동시에 인간이 되었고 자연적이고 발전적인 삶의 한복판으로 왔다. 따라서 그리스도의 초자연성과 자연성 및 그의 초자연적 시작과 인간적인 총체적 삶은 절대적 대립이 아니라 이 둘의 교차이다. 초자연적 시작은 창조와 연관되며, 자연적인 삶은 구원과 연관된다. 구원의 개념은 죄의 관점에서 볼 때 사실에 부합하는 반면, 창조의 관점에서는 사실에 부합하지 않는다.[78] 구원은 인간에게 해당하는 것일 뿐 창조자에게는 해당하지 않는다. 창조와 구원은 동일한 연관 속에 있으면서도 근원성과 역사적 삶의 맥락에 따라 구별된다.

슐라이어마허는 기독론을 전개하면서 '예수의 인격'(§§ 93-99)과 '예수의 사역'(§§ 100-105)에 대해 구체적으로 다룬다. 은총의 의식을 지닌 신앙인에게는 예수의 인격과 위엄이 모든 것에 앞서 영향을 끼치고 있으며, 이런 한에서 예수의 인격과 사역(Geschäft)은 서로 깊이 연관되어 있다. 예수의 인

---

78) Fischer, 같은 책, 112쪽 참조.

격에 대한 논의의 토대를 이루는 개념은 원형성(Urbildlichkeit)과 역사성이다. "새로운 총체적 삶의 자기활동성이 근원적으로 구속자에게 있어야 하며 오로지 구속자로부터 나와야 한다면, 구속자는 역사적인 개인존재이면서 동시에 원형적이어야 한다. 다시 말해서 원형적인 것이 구속자 안에서 완전히 역사적으로 되어야 하며, 구속자의 역사적인 모든 계기는 동시에 그 안에 원형적인 것을 지니고 있어야 한다."(§ 93) 그리스도의 원형성은 그가 갖는 신 의식의 절대적인 능력에 있으며, 이 절대적인 능력은 그 가운데 존재하는 신의 본래적인 존재이다. 그리스도의 완전한 원형성은 신 의식의 절대적인 능력과 관계하기 때문에 전적으로 종교적이고 신적이며, 여기서 인간적인 표상은 배제된다. 그러나 이와 동시에 그리스도는 역사적인 인격으로서 인간적인 전개의 법칙에 복종한다. "예수 그리스도 안에는 신적인 속성과 인간적 속성이 하나의 인격으로 결합되어 있었다."(§ 96) 그리스도의 원형적 인격과 역사적인 인격은 조화를 이루지만, 그가 모든 인간과 똑같지는 않다. "구속자는 인간적 속성의 동일성에 힘입어 모든 인간과 동등하지만 그가 갖는 신 의식의 지속적인 능력을 통해 모든 인간과 구별된다."(§ 94)

슐라이어마허는 예수의 사역을 그의 구원하는 활동성과 화해하는 활동성에서 서술한다. "구속자는 신앙인을 그의 신 의식의 능력 가운데 받아들이는데, 이것이 구속자의 구원하는 활동성이다."(§ 100) 또한 "구속자는 신앙인을 그의 투명한 지복의 공동체로 받아들이는데, 이것이 구속자의 화해하는 활동성이다."(§ 101) 여기서 구원하는 활동성은 화해하는 활동성에 토대를 제공한다. 구원하는 활동성과 화해하는 활동성을 통해 그리스도와 신앙인 사이에는 새로운 삶의 형태를 띤 공동체가 세워진다.

슐라이어마허는 기독론적인 명제를 기독교적인 경험의 진술로 새롭게 정식화함으로써 기독론에 근대적인 형태를 부여했다. 기독론에서 구원의 의식이 교리적으로 반성되고 정식되며, 이를 통해 기독론은 구세론(救世論, Soteriologie)으로 나아가는 계기를 내포한다.79) 예수 그리스도는 인간의 죄와 잘못과 의심과 소외에 대해 의미 있는 존재로 생각될 때 비로소 올바로 다루어진다. 그에게만 적용되고 인간과는 아무런 관계가 없는 명제는 슐라이어마허의 기독론과 상관없다.

슐라이어마허의 기독론은 교회론(Lehre von der Kirche, § 113-163)으로 이어진다. 교회론은 세계의 구원을 주제화하고 있기 때문이다. 기독론에서와 마찬가지로 교회론 논의의 토대가 되는 것은 경건한 의식이다. 종교적 자기의식은 교회와 깊

---

79) H. Fischer, 같은 책, 115쪽 참조.

은 연관성을 가지며, 교회는 종교적 자기의식의 규명에 본질
적이다. 경건한 의식과 교회의 연관을 강조하는 '서론'의 관
심은 본론에서 '교회의 생성', '교회의 존립', '교회의 완성'으
로 구체화된다. 교회의 생성을 다루는 제1부는 예정론과 성령
론을 통해 기독교 교회의 근원적 조건을 다룬다. 제2부는 세
상 속에 있는 교회의 존립을 다루면서 '성서', '하나님의 말씀
에의 봉사', '세례'와 '성찬', '천국 열쇠권'(교황권), '예수 이
름으로 드리는 기도'를 주제화하며, 더 나아가 눈에 보이는
교회의 오류가능성과 눈에 보이지 않는 교회의 진실성을 고
찰한다. 교회의 완성을 다루는 제3부는 전통적으로 종말론
(Eschatologie)의 주제로 다루어져 온 교회의 미래조망을 다룬
다. 그러나 슐라이어마허가 다루는 예수의 재림, 부활, 최후의
심판, 영복 등의 주제는 종말론의 독자적 주제로서가 아니라
기독교 교회론(Ekklesiologie)의 연장선상에서 다루어진다.

『기독교 도덕』[80]

슐라이어마허의 신학사상은 그가 직접 출판한 『신학연구입

---

80) F. D. E. Schleiermacher, *Die christliche Sitte nach den Grundsätzen der evangelischen Kirche im Zusammenhang dargestellt*, hrsg. von L. Jonas, Berlin ²1884 (SW I/12); Nachdruck hrsg. von Wolfgang Erich Müller, Waltrop, 1999.(=CS)

문』과 『기독교 신앙』에 잘 나타나 있다. 그러나 그가 신학의 맥락에서 심혈을 기울인 것은 이 두 저작 이외에도 강의 필사본으로 남아 있는 『기독교 도덕』이다. 이 책은 슐라이어마허의 사후 그의 제자인 요나스(Ludwig Jonas)에 의해 편집, 출간되었다. 일반적으로 슐라이어마허의 교의학은 '신앙론'을 지칭하지만 실제로는 '신앙론'과 더불어 '도덕론'이 교의학을 함께 구성한다. 신앙론은 좁은 의미의 교의학이며, 넓은 의미의 교의학을 구성하는 것은 신앙론과 도덕론이다. 따라서 이 둘은 공속(共屬)한다. 이것은 기독교의 가르침이 갖는 두 측면으로서 신앙론은 이론적인 것을 다룬다면, 도덕론은 실천적인 것을 다룬다. 이론과 실천은 궁극적으로 통일적인 것을 서술해야 한다. 전자는 기독교적인 근본 개념을 다루는 반면, 후자는 실제의 삶에 끼치는 기독교적인 경건의 자극과 충동 형식을 다룬다.

슐라이어마허는 신앙론에서와 마찬가지로 도덕론에서도 경건한 자기의식을 논의의 중심에 놓는다. 도덕론은 기독교적인 경건한 자기의식의 영향으로 발생하는 실제적인 삶의 여러 형식들을 기술한다. 이러한 삶의 형식은 국가, 교제, 학문, 교회, 가족 등 철학적 윤리학이 사변적으로 다룬 내용과 동일하다. 철학적 윤리학은 삶의 형식들을 형식적이고 개념적인 틀 속에서 다루는 반면 도덕론은 이를 역사적이고 구체적인 틀 속에서 다룬다. 그러나 경건한 자기의식이 도덕론의 논의에서 토대를 이루기 때문에 삶의 형식 가운데 교회가 가장 중요하게 다루어진다. "개신교 도덕론의 고유한 원리는 …… 한편으로 믿음으로 의롭다함을 얻는 가르침이지 행함으로 의롭다함을 얻는 가르침이 아니며, 다른 한편으로 믿음을 갖는 사람들은 모두 그리스도와 하나님의 말씀 안에서 동일하므로 교회에서는 명하는 자와 복종하는 자 사이의 차이가 지양된다." (CS, 90) 슐라이어마허는 교회에 대한 논의에서 경건한 자기의식의 감동을 통해 이루어지는 신앙과 이를 통해 가능한 민주주의적인 동등성을 강조한다.

도덕론의 구성은 신앙론의 구성과 유사하다. 신앙론의 주요 구성요소는 대립 없는 경건한 자기의식 그 자체, 죄와 은총의 대립 속에 있는 경건한 자기의식이라는 세 가지이다. 그러나 도덕론에서는 죄와 은총의 대립 속에 있는 경건한 자기의식만이 주제화된다. 도덕론에서는 대립 없는 경건한 자기의식이 다루어지지 않는다. 대립 없는 경건한 자기의식은 늘 동일한 모습을 견지하는 데 반해, 대립 속에 있는 경건한 자기의식은 그때마다 상이하게 나타나는 기독교적인 행위에 부합한다.

기독교적인 행위를 분류하는 데는 경건한 자기의식과 죄의식 및 은총의식의 관계가 결정적이다. 경건한 마음 가운데 죄의식의 계기가 강하게 나타나면, 행위는 죄의식으로 인해 발생한 마음의 동요와 갈등을 극복하는 방향으로 나아간다. 슐라이어마허는 이러한 행위를 '정화행위(reinigendes Handeln)' 혹은 '재생행위(wiederherstellendes Handeln)'로 규정한다. 이와 반대로 경건한 마음 가운데 은총의식의 계기가 강하게 나타나면, 행위는 그 자체가 방해받지 않은 상태로 구현되려고 한다. 이것은 '전파행위' 혹은 '확장행위(verbreitendes, erweiterndes Handeln)'로 규정된다. 슐라이어마허는 이 두 행위의 형식을 '작용적 행위(wirkendes Handeln)'로 명한다. 이것은 죄의식에 의해서든 은총의식에 의해서든 무엇인가를 이전과 다른 모습으로 변화시키려는 행위라는 것이다. 슐라이어마허는 운동의 계기를 강조하는 작용적 행위에 대해 정지의 계기를 강조하는 행위가 있다고 생각한다. 대상과 자기 자신을 변화시키려는 행위가 있는가 하면 현재의 상태를 조용하게 유지하려는 행위가 있다는 것이다. 이것은 '서술적 행위(darstellendes Handeln)'로 규정된다. 이러한 행위는 무엇인가에 영향을 끼치고 이를 변화시키려 한다기보다 만족스러운 자신의 상태를 조용하게 표현하려고 한다는 것이다. 이러한 행위의 토대를 이루는 의식상태는 만족과 지복이다.

이 모든 행위는 각각 내적 영역과 외적 영역으로 나누어진다. 이러한 구별은 경건한 자기의식에서 나오는 기독교적 사고방식과 시민사회적 사고방식의 차이와 관련된다. 먼저 정화행위 혹은 재생행위에서는 내적 영역으로 교회가 생겨나는 반면 외적 영역으로 가족과 국가와 같은 시민사회적 공동체가 등장한다. 전파행위 혹은 확장행위에서는 내적 영역으로 부부관계 및 가족과 교회가 생기는 반면 외적 영역으로 국가가 생긴다. 마찬가지로 서술적 행위에서는 내적 영역으로 기독교적 교제(christliche Geselligkeit)인 교회가 생기며 외적 영역으로 자유로운 교제(freie Geselligkeit)가 실현된다. 이를 도표로 나타내면 다음과 같다.

작용적 행위			서술적 행위	
정화 행위 재생 행위	내적 영역	교회	내적 영역	교회
	외적 영역	가족, 국가		
전파 행위 확장 행위	내적 영역	부부관계, 가족, 교회	외적 영역	자유로운 교제
	외적 영역	국가		

『기독교 도덕』에서는 행위가 무엇보다 기독교 교회와 관련되며, 다른 삶의 형식들도 교회와의 연관 속에서 파악된다. 정화행위에서는 교회의 갱신이 강조되고, 전파행위에서는 선교와 교육이 강조되며, 서술적 행위에서는 예배와 설교가 강조된다. 결국 슐라이어마허는 도덕론을 통해 기독교적 자유의

토대 위에 행위이론을 정립하려고 한 것이다.[81] 기독교적 자유는 슐라이어마허가 행위를 여러 모양으로 나눈 것과 같이 다양한 모습으로 등장한다. 기독교적 자유의 기본은 무엇보다 경건한 심정의 안정과 지복에 있으며 이를 가능하게 하는 목적지향적인 예배에 있다. 교회는 이를 근거로 하여 스스로를 적극적으로 갱신하고 선교에 매진함으로써 기독교적 자유를 현실 가운데 구체적으로 구현한다. 『기독교 도덕』은 가족, 교제, 학문, 교회, 국가 등을 주제화한다는 점에서 철학적 윤리학과 깊이 관련되며, 교회의 예배 및 설교를 다룬다는 점에서 실천신학과도 맞물린다. 이 모든 주제들은 인간행위의 자유와 연관되어 있다.

'실천신학' 강의

슐라이어마허는 아홉 번에 걸쳐 '실천신학' 강의를 했다. (1812, 1815/16, 1817/18, 1821/22, 1824, 1826, 1828, 1830/31, 1833) 실천신학의 근본 주제들은 이미 『신학연구입문』과 『기독교 도덕론』에서 다룬 것이며 이 가운데서 특히 교회정치, 교회책무, 예배이론 등을 대상으로 한다. 실천신학은 신학

---

81) Fischer, 같은 책, 121쪽 참조.

의 여러 분과 가운데서 실천적인 과제 해결에 집중하는 기술적(technisch) 분과이다. 그것은 철학적 신학이나 역사신학과 같은 체계분과와 구별된다. "실천신학은 (신학의) 과제들을 정확하게 파악하는 것을 가르치려 하지 않고 이것을 전제함으로써 교회통치의 개념 하에 주어질 수 있는 과제들을 해결하는 데 필요한 올바른 처리방식에만 관계한다."[82] 그러나 기술적 분과로서의 실천신학은 교회의 과제를 해결할 수 있는 기술을 개발하는 실천이 아니라 이러한 기술의 신학적 의미를 반성하는 학문이다.

실천신학은 교회 통치에 필요한 기독교의 본질 개념을 도출하는 철학적 신학과 역사신학을 근거로 하여 교회에서 일어나는 실제적인 문제들을 해결하는 기술로서, 교회의 보존과 완성에 기여한다. 교회의 본질 개념은 실천신학을 통해 그때마다 새로운 의미를 획득할 수 있으며, 이렇게 실천신학적으로 획득된 새로운 의미는 교회의 생동적인 확장에 기여한다. 이런 점에서 슐라이어마허는 실천신학을 '신학연구의 왕관'으로 규정하기도 한다. 신학체계를 교회 현장에서 구체화하고 완성하는 마무리 선이라는 것이다. 요컨대 실천신학은 교회에서 일어나는 심정의 감동을 사려 깊은 행위의 질서로 옮기는 기술이다.

---

82) KD 『신학연구입문』, § 260.

실천신학의 제1부는 '교회책무'를 다루며, 제2부는 '교회정치'를 다룬다. 교회책무는 개별 공동체와 관련된 교회의 행위를 논의하는 반면, 교회정치는 전체 교회와 관련된 문제들을 논의한다. '교회책무'에서는 예배를 주제로 삼는데, 여기서는 예배식서, 찬양, 기도, 설교이론이 다루어진다. 더 나아가 '교회책무'는 예배 이외에 성직자가 수행해야 하는 제반 목회활동을 취급한다. 제2부 '교회정치'는 교회 내외의 조직적 활동을 다루는데, 여기서는 교회헌법, 교회와 국가의 관계, 교회와 학문 및 사회의 관계가 논의된다.

슐라이어마허의 실천신학은 결코 사변의 산물이 아니다. 그는 자신의 목회 현장을 갖고 있었을 뿐 아니라 범 교회적 위원회의 활동에도 적극적으로 참여했다. 이러한 실제적인 활동은 그의 신학을 구체적으로 확인하는 계기가 되었을 뿐 아니라 실천신학을 정립하는 토대가 되었다. 실천신학과 관련된 슐라이어마허의 영향은 '실천신학'이 '조직신학' 및 '성서신학'과 나란히 신학대학의 연구와 교육에서 중요 영역으로 자리잡았다는 데서 분명하게 확인된다.

'예수전' 강의

슐라이어마허는 1805/06년에서부터 거의 매학기 신약성서에 관한 강의를 했으며, 신약성서 주석강의 이외에도 '신약성서 입문'(1829, 1831/32)과 '예수전'(Leben Jesu, 1819/20, 1823, 1829/30, 1832)을 강의했다. 신약성서에 관한 강의는 신학 분야의 다른 강의나 철학강의보다 더 많은 영향을 끼친 것으로 평가된다. '예수전'에 대한 탐구는 슐라이어마허에 의해 최초로 시도되었으며, 이로부터 신학에서 '예수전'의 새로운 전통이 생긴다. 대표적으로 슈트라우스의 『신앙의 그리스도와 역사의 예수』[83)는 슐라이어마허의 예수전을 비판한 책이다.

나사렛 예수는 기독교의 개인적이고 역사적인 출발점이다. 그러므로 기독교의 중심점은 당연히 기독론, 즉 예수 그리스도에 관한 이론에 있다. 슐라이어마허의 신학은 예수 그리스도에 의한 구원과 구원을 위한 그의 사역을 중심문제로 간주하기 때문에, 그의 신학의 중심은 '구원'에 있다. 그리스도의 구원의 이념을 파악하기 위해서는 그의 인격의 총체적인 인상을 획득하는 것이 필수적이며, 이러한 작업은 불가피하게 예수의 삶에 대한 연구를 요구한다. 여기서 예수의 삶을 증거하는 복음서의 내용에 대한 역사·비평적 연구의 필요성이 전면에 등장하며 동시에 그 한계가 드러난다. 역사·비평적 연구

---

83) D. F. Strauß, *Der Christus des Glaubens und der Jesus der Geschichte, Eine Kritik des Schleiermacherschen Lebens Jesu*, 1971.

는 그 자체가 제한적이고 특수한 작업이 될 수밖에 없기 때문이다. 이 두 측면을 염두에 두는 슐라이어마허는 예수전 강의에서 예수의 삶에 대한 역사적인 추론보다 교리에 더 무게중심을 두고 있다.

슐라이어마허의 예수전은 감각적으로 경험할 수 있는 인간 예수에 대한 서술에 집중하지 않으며 오히려 그의 개인적인 삶의 내적 통일성과 연관을 서술하려고 한다. 삶의 내면성의 전개를 그 통일성에서 파악하는 것은 삶의 결과를 삶의 다른 계기들과 연관지을 것을 전제한다. 삶의 각 계기를 명확하게 지시하는 증거가 충분한 경우에는 이러한 시도가 과잉적일 수 있다. 그러나 복음서의 서술이 연대기적으로 완전하거나 학문적인 신빙성을 확보하고 있지 못한 해석학적 상황에서는 삶의 내적 통일성을 파악하려는 시도가 충분한 의미를 지닌다.

슐라이어마허는 예수의 삶의 내적 통일성을 재구성하면서 다른 복음서보다 「요한복음」을 우선시한다. 「요한복음」을 선호하는 경향은 피히테나 헤겔의 경우도 마찬가지이다. 당시의 연구 상황에서는 「요한복음」이 가장 많은 역사적·비평적 근거를 지닌 것으로 판단되었기 때문이다. 삶의 내적 통일성은 개인의 내면세계에서만 드러나는 것이 아니라 개인의 생각을 다른 사람에게 전달하는 데서 더 정확하게 나타난다. 이런 관점에서 슐라이어마허는 예수의 삶을 '공생애를 시작하기 전의 삶', '체포되기 전까지의 공생애', '체포 후 승천까지의 삶'으로 구별하고 이 가운데서 공생애 기간을 가장 의미 있는 시기로 분석한다. 삶의 내적 통일성을 파악하기 위해 중요한 시기는 공생애에 나타난 원숙한 삶의 모습이라는 것이다. 여기서는 예수의 내면세계뿐 아니라 그가 다른 사람에게 자신의 생각을 전달하는 일이 핵심을 이룬다. 교회 공동체는 바로 이러한 가르침에서 생길 수 있었으므로 예수의 삶의 내적 통일성은 그의 구체적인 가르침에서 예감적으로(divinatorisch) 찾아져야 한다. 예감적 방법은 삶의 내적 통일성을 파악하기 위해 마련된 슐라이어마허 해석학의 주요 방법이다.

슐라이어마허 예수전의 특징은 역사적 예수와 교리적 그리스도의 관계, 다시 말해서 예수의 역사성과 원형성의 관계를 적극적으로 다루고 이 둘을 동일시하려는 노력에 있다. 예수는 원형성에서 다른 인간과 근본적으로 구별되며, 이러한 구별의 근거는 예수에게 내재되어 있는 고유한 신 의식 내지 예수와 신의 관계에 있다. 예수의 원형성을 신 의식을 통해 설명하는 것은 슐라이어마허의 신학이 '경건한 자기의식'을 일관되게 강조하는 것과 밀접하게 연관되어 있다. 예수는 경건한 신 의식을 소유한 인간 가운데 최고의 존재이며, 바로 이 점에서 그는 원형성을 갖는다. 그러나 모든 시대를 초월하는 예수의 원형성은 특정 시대의 사람들과 관계할 수 있는 역사성을 포함한다. 예수에게 역사적인 측면이 전혀 없었다면 예수는 당시의 사람들에게 종교적인 지배력을 행사할 수 없었을 것이며, 구원의 사역을 감당할 수 없었을 것이다. 슐라이어마허의 예수전에서 보이는 특징적인 주장은 예수의 신 의식이 삶과 무관하게 이미 주어져 있었던 것이라기보다 그의 삶 속에서 지속적으로 전개되고 발전되었다는 것이다. 예수의 원형성은 그의 삶의 역사적 전개와 무관하지 않다는 주장이다. 이것은 공생애를 시작하기 전의 예수가 원숙기의 예수와 전혀 다른 존재가 아니라는 점에서 잘 드러난다.

슐라이어마허의 예수전의 성과와 의미도 그가 예수의 원형성과 역사성의 밀접한 관계를 밝힌 데서 찾아져야 한다. 예수에 대한 역사적 고찰은 예수에 대한 신앙을 완벽하게 정당화할 수 없다. 예수에 대한 교리적 주장이 그에 대한 역사적 주장보다 앞설 수밖에 없다. 그렇다고 해서 역사적 고찰을 배제한 교리적 주장만 가지고 신앙을 정당화할 수도 없다. 이런 맥락에서 예수의 원형성과 역사성의 상호관계와 긴장은 그 자체로 의미를 지니는 것이다.

『설교집』

슐라이어마허는 신학과 철학을 강의한 교수이면서 설교자

였다. 그는 샤리테병원 원목으로 출발하여 슈톨프의 궁정설교자, 할레대학의 설교자를 거쳐 베를린 삼위일체교회의 설교자에 이르기까지 평생토록 설교강단을 지켰다. 그는 강의를 통해서도 많은 업적을 남겼지만 강의보다 설교에서 사람들에게 더 많은 감동을 주었다. 그의 설교는 성서와 교회 내적인 관심사에 머물지 않고 아주 예민한 현실정치문제를 비판적으로 다루기도 했다. 딜타이에 의하면 그의 최고 천재성은 강의에서보다 설교강단에서 유감없이 발휘되어 마르틴 루터 이래 슐라이어마허만큼 회중에게 감동을 준 사람은 없었다고 한다. 그의 설교는 신학에서 뿐만 아니라 현실의 정신적·문화적 영역에서도 아주 유의미한 내용을 담고 있다. 슐라이어마허 자신도 설교가 끼치는 영향을 잘 알고 있었기 때문에 설교집을 출간하는 데 많은 관심을 기울였다.

전집 제2부에 총 10권으로 편집된 설교집 가운데 1권에서 4권까지는 슐라이어마허가 생전에 직접 출간한 설교가 묶여졌으며 나머지 여섯 권은 유고와 청중이 받아쓴 설교노트로 이루어져 있다. 슐라이어마허는 실제로 강단에서 설교하지 않은 많은 원고들도 남기고 있다. 그는 1801년에 설교집을 처음으로 묶었으며(^{2}1806, ^{3}1816), 그 후 1808년(^{2}1820), 1814년(^{2}1821), 1820년(^{2}1826), 1826년, 1831년, 1833년에 걸쳐 총 일곱 번의 설교집을 출간했다.

슐라이어마허는 주제에 따른 설교 이외에도 성서구절해설 설교(Homilie)를 반복했다. 구절해설 설교는 전체 성서를 대상으로 했지만, 슐라이어마허는 주로 신약성서를 다루었기 때문에 오늘날의 기준으로 본다면 그는 신약성서학자로 분류될 수 있다. 구절해설 설교는「마가복음」,「골로새서」,「요한복음」,「빌립보서」,「사도행전」,「마태복음」,「데살로니가전서」,「데살로니가후서」등 거의 모든 신약성서를 대상으로 한다. 이 밖에도 슐라이어마허는 교회의 절기 때마다 유명한 설교를 남겼는데, 여기에는 강림절, 성탄절, 새해, 공현절(Epiphania), 사순절, 세족일, 수난절, 부활절, 참회일(Bußtag), 승천일, 성령강림절, 종교개혁일, 추도일(Totenfest), 삼위일체일, 종려주일, 세례식, 장례식에 관한 설교가 있다.[84] 아홉 살 때 죽은 아들 나타니엘의 장례식에서 행한 슐라이어마허의 설교(1829.11.1)는 사람들의 마음에 깊은 감동을 준 설교로 널리 알려져 있다.

슐라이어마허는 설교에서 기독교 신앙과 기독교 도덕에 관한 거의 모든 주제들을 다루고 있으며, 이를 통해 신앙론과 도덕론을 새롭게 조명했다. 이러한 맥락에서 슐라이어마허의 설교는 그의 신학을 이해하는 참고자료로서도 중요한 의미를

---

[84] F. D. E. Schleiermacher, *Predigten*, ausgewählt von Hans Urner, Göttingen, 1969.

지닌다. 그의 설교는 신학적으로 예민한 교리적 주제와 주석의 기준 및 강단에서 실제로 적용되는 해석학에 관한 논의를 담고 있기 때문이다. 그렇지만 슐라이어마허의 설교는 늘 새로운 해석의 시도로 인해 현실 교회에서 수많은 비판적인 논쟁자들과 부딪쳐야 했는데, 특히 고백의 차이를 다룬 10편의 「아우구스티나 설교」는 격렬한 논쟁을 불러일으켰다.

5. 슐라이어마허 영향사: 기독교(종교)와 학문(철학)의 관계

철학

 슐라이어마허의 영향사는 그가 실제로 이룩한 성과와 달리 신학과 철학에서 상이하게 전개되었다. 슐라이어마허 신학의 영향은 이후 1세기 이상의 개신교 신학을 결정했으며, 20세기 후반부의 신학도 그의 영향 없이는 언급될 수 없다. 이에 반해 그의 철학은 지금까지도 아주 부분적으로만 다루어지거나 다른 철학의 그늘에 가려져 있다. 이러한 현상은 무엇보다 슐라이어마허가 남긴 철학관련 작품들의 형태와 연관되어 있다. 신학의 경우와 달리 슐라이어마허는 철학에 관한 저술을 거의 남기지 못했다. 초기에 나온 『지금까지의 도덕론 비판』이외 다른 모든 철학관련 책들은 그가 직접 출판한 것이 아니라, 대학 강의와 학술원 강연의 원고이거나 그의 제자들이 작성한 강의노트이다. 이 때문에 그의 사후 묶여 나온 철학서들은 슐라이어마허 사유의 진정성 시비를 피할 수 없었으며, 편집자에 따라 상이하게 묶여진 데서 연유하는 글의 난해성은 그의 사유 자체에 대한 본격적인 논의를 방해했다. 이로써 철학자 슐라이어마허의 상은 그가 실제로 이룩한 철학적 업적과 무관하게 신학자 상에 가려지게 된다.

슐라이어마허 철학의 영향은 크게 19세기에서 20세기 초까지의 수용과 오늘날의 수용으로 대별할 수 있다. 슐라이어마허의 사후부터 20세기 초까지는 그의 철학이 주로 독일관념론의 전개와 관련해서 부각된다. 위버벡(F. Ueberweg)의 철학사는 슐라이어마허의 철학을 '관념-실재론'(Ideal-Realismus)로 규정한다.[85] 슐라이어마허는 칸트, 스피노자, 플라톤의 자극으로부터 출발하여 칸트적인 인식의 한계를 수용하면서도 칸트철학의 이원론을 관념-실재론을 통해 극복하려고 했다는 것이다. 슐라이어마허의 『변증법』이 셸링의 통일성 철학과 유사하다는 평가는 이러한 맥락에서 쉽게 이해된다. 슐라이어마허는 종교적 경험을 선험철학에 대한 비판적 관점에서 적극적으로 설명함으로써 헤겔의 절대관념론이 나아간 방향과는

---

[85] K. Nowak, 같은 책, 488쪽 이하 참조.

다른 방향에서 형이상학에 비판적으로 접근한다. 이 점은 빈델반트(W. Windelband)의 철학사에서도 확인된다. 그에 의하면 슐라이어마허의 철학은 피히테, 셸링, 헤겔의 체계에 대한 비판적 교정으로서 형이상학적 사변에 맞서며 칸트적인 인식의 한계를 받아들이면서도 일원론적인 종교적 경험의 가능성을 강조한다. 독일관념론의 맥락에서 논의되는 슐라이어마허의 철학은 주로 『변증법』과 관련되어 있다.

이 밖에도 독일관념론과 연관된 슐라이어마허의 영향은 후기 관념론(Spätidealismus)에서도 잘 드러난다. 후기 관념론은 슐라이어마허와 헤겔의 공통분모를 찾으려고 했는데, 이것은 당시의 헤겔좌파운동에 맞서 공동전선을 형성함으로써 이로부터 관념론을 옹호하기 위함이었다. 여기서는 슐라이어마허와 헤겔의 근원적 대립이 많은 부분 뒤로 물러난다. 후기 관념론과 비슷한 시기에 등장한 또 다른 슐라이어마허 영향은 이른바 반형이상학 운동에서 나타난다. 체계와 학문에 대한 관심 대신에 현실과 삶의 문제가 철학적 논의의 전면에 등장하면서 슐라이어마허의 사유가 재조명을 받게 된다. 이때 『변증법』은 철학자들에 의해서가 아니라 신학자들에 의해 많이 연구된다.

슐라이어마허 철학의 수용사에서 획기적인 업적을 남긴 사람은 그 누구보다 빌헬름 딜타이(W. Dilthey, 1833~1911)이다. 그는 방대한 분량의 『슐라이어마허의 생애』에서 슐라이어마허를 세밀하게 재구성했을 뿐 아니라 이를 자신의 고유한 철학에 이르는 전제로 삼았다. 이것은 슐라이어마허를 19세기에도 살아있게 한 딜타이의 공적임에 틀림없다. 그러나 딜타이가 슐라이어마허의 철학을 자신의 철학으로 연결시키는 과정에서 그것의 일면만 강조하거나 심지어 왜곡한 점은 슐라이어마허의 영향사에서 볼 때 과오가 아닐 수 없다.

슐라이어마허가 그 영향사에서 딜타이에 빚지고 있는 부분은 무엇보다 해석학의 영역이다. 해석학의 역사에 대한 딜타이의 서술이 없었더라면 슐라이어마허는 '해석학의 거장'이라는 현재의 평가를 받지 못했을 수 있다. 그러나 딜타이가 강조하는 '역사성'과 '이해'는 슐라이어마허의 사유 없이는 상상할 수 없다. 자연과학의 과학주의와 독일관념론의 형이상학적 지평에 대한 딜타이의 비판은 슐라이어마허의 심리적·기술적 해석과 여기서 강조되는 개인성의 문제로 거슬러 올라가기 때문이다. 딜타이는 슐라이어마허의 기술적 해석의 지평을 심리학과 역사로 확대하고 여기서 정신과학의 토대를 발견한다. 딜타이의 정신과학은 이후 해석학의 전통에 큰 영향을 끼치는데, 하이데거의 실존 해석학이나 가다머의 변증법적 해석학은 모두 딜타이의 반형이상학적인 사유에 빚지고 있다. 이렇게 본다면 슐라이어마허의 철학은 딜타이를 매개로 하여 현대 해석학의 전통을 형성한 뿌리임에 틀림없다.

그러나 해석학의 전통에서 수용된 슐라이어마허는 원래의 슐라이어마허라기보다 그 부분 내지 왜곡된 상(像)이다. 대표적인 왜곡은 슐라이어마허의 해석학과 심리주의를 동일시한 사태에서 잘 드러난다. 딜타이가 슐라이어마허의 심리적·기술적 해석방법의 토대 위에서 정신과학을 구축한 것은 결과적으로 그의 문법적 해석방법을 간과하는 결과를 가져오게 되며, 그 영향은 가다머의 슐라이어마허 서술에서 전형적으로 나타난다. 가다머가 파악한 슐라이어마허의 해석학은 심리주의와 개인성의 형이상학 그 이상이 아니다. 그러나 가다머는 스스로 슐라이어마허의 해석학을 일면적으로 파악했다는 사실을 인정한다. 이 밖에도 딜타이는 자연과학과 정신과학을 엄밀하게 구별할 때, 이미 슐라이어마허의 사유를 크게 벗어나고 있다. 슐라이어마허의 체계를 구성하는 것은 변증법과 더불어 윤리학과 물리학이기 때문이다.

해석학의 전통에서 결코 간과될 수 없는 것은 '방법으로서의 해석학'과 '철학적 해석학'의 차이와 특징이다. 일반적으로 전자는 마땅히 후자로 지양되는 것으로 이해되고 있으며, 각 해석학에 대한 평가도 이런 맥락에서 이루어진다. 그러나 이러한 파악은 특히 슐라이어마허의 사유를 올바로 이해하는 데 큰 장애가 될 수 있다. 실제로 슐라이어마허의 철학은 기술적 분과인 '이해의 기술론'에 그치지 않고 '해석학적·변증법적 사유'를 근간으로 하는 체계철학이기 때문에, 슐라이어마허의 해석학과 그 영향에 대한 올바른 이해는 기술적 분과로서의 해석학을 넘어서는 그의 전체 철학에서 확인되어야 한다. 특히 그의 『변증법』과 『윤리학』은 그 자체가 해석학적 사유의 특징을 지니므로, 이것에 대한 올바른 이해는 하이데거와 가다머에서 정지한 듯 보이는 현대 해석학의 미래를 위한 새로운 시각을 열어 보일 수 있다.

슐라이어마허의 영향은 해석학의 전통에서 뿐만 아니라 오늘날의 자기의식이론 논의에서도 나타난다. 그의 『변증법』과 『기독교 신앙』에서 심도 있게 다루어지고 있는 '직접적 자기의식'과 '절대의존감정'은 오늘날 주체철학의 새로운 주제로 떠오른다. 베를린의 라이벌이었던 헤겔은 슐라이어마허의 종교 개념과 감정 개념을 부정적으로 평가하면서, '신앙이 의존감정이라면 개야말로 가장 훌륭한 신앙의 주체'라고까지 말한다. 이 평가는 동료에 대한 예민한 경쟁의식에서 나온 악의적인 언설임에 틀림없지만, 다른 한편으로 헤겔은 이들 개념에는 자신이 일관되게 비판해 온 야코비(F. H. Jacobi, 1743~1819)의 감정철학과 동류의 사실이 들어 있다고 주장한다. 헤겔의 슐라이어마허 비판은 그의 야코비 비판의 연장선상에 있는 것이다. 그러나 오늘날의 철학은 야코비를 새롭게 조명할 뿐 아니라 슐라이어마허에게서 야코비의 주장과 구별되는 사유를 발견한다.

헤겔에 의하면 감정과 느낌의 내용은 그것이 절대적인 것이라 하더라도 반성의 지평으로 지양되어야 하고, 이러한 반성적 매개를 통해서만 의식의 내용은 규정적으로 파악될 수 있다. 직접적 자기의식과 절대의존감정이 절대자와 연관되어 있다 하더라도 이러한 직접적 인식을 통해서는 절대자의 사상(事象)을 파악하기는커녕 절대자에 대한 우연적이고 개별적인 파악을 넘어설 수 없다는 것이다. 헤겔의 절대적 사유의 관점은 주관성과 객관성의 절대적 일치를 추구한다. 여기에는 자기의식이나 주관성의 '타자'가 존재하지 않으며, 모든 타자성이 극복된 절대적 사유만이 존재한다.

형이상학 비판의 시대에는 헤겔과 같은 절대적 사유가 받아들여지지 않는다. 의식과 사유의 한계가 중요하게 생각될 뿐 아니라 보편성의 틀을 벗어나는 개인성이 강조된다. 슐라이어마허의 자기의식이론은 이러한 현대적 입장에서 재조명 받는다. 직접적 자기의식은 반성적 주체에 앞서는 전(前)반성적 주체이며 자기반성적 주체에 수렴되지 않는 타자를 자기 안에 지니는 의식이다. 자기의식은 헤겔에서 확인되는 바와 같이 자아와 세계 간에 형성되는 변증법적 관계의 총체로 드러나지 않고, 자아와 세계를 넘어가는 존재에 의해 그때마다 초월적으로 규정된다. 자기의식은 그 근거를 자기반성적 사유 바깥에서 갖기 때문에 유한하다. 자기의식은 타자와의 관계를 필연적으로 요구한다는 점에서 유한하며, 자기 초월적 타자와 그때마다 새롭게 관계한다는 점에서 개성적이다. 유한적 의식과 개성적 의식은 오늘날의 의식이론과 쉽게 조화를 이룬다.

이러한 맥락과 무관하지 않게 슐라이어마허의 철학은 '개인성의 이념' 내지 '인문주의의 이념(Idee der Humanität)'을 지닌 것으로 평가되기도 한다. 이러한 주제는 『변증법』과 더불어 『윤리학』의 주장을 수용함으로써 구체화된 것인데, 이는 궁극적으로 인문주의 정신의 보편화를 지향한다. 이러한 보편화는 반성의 매개를 통해 도달하는 절대적 사유의 보편화와 구별된다. 윤리학의 주제인 자연의 이성화와 이성의 자연화는 우선 개인에게서 구체화되며 더 나아가 상호주관적 지평에서 성취된다. 인문주의를 강조하는 슐라이어마허의 면모는, 그가 개인의 인격성을 윤리적 과정을 가능하게 하는 기본적인 힘으로 간수하는 데서 분명하게 드러난다.

신학

신학에서 슐라이어마허가 끼친 영향은 철학에서의 그것과 비교할 수 없을 정도로 지대하다. 초기의 『종교론』은 말할 것도 없고 완숙기의 『기독교 신앙』은 슐라이어마허를 '19세기의 교부'로 자리매김하게 했다. 특히 『기독교 신앙』으로 대변되는 그의 교의학은 이후 100년간의 개신교 신학, 특히 조직신학의 방향을 결정하게 된다. 슐라이어마허는 현대 신학을 지배하는 결정적인 인물로서 여타의 신학은 그의 생각을 따르거나 변형한 것이며, 그의 생각과 구별되는 신학이라 할지라도 그것에 맞서는 것 이상이 아니라고 해도 과언이 아니다. 이런 의미에서 슐라이어마허는 분명 '현대 신학의 아버지'이다.

슐라이어마허의 영향은 그의 친구들과 제자들에게서 시작된다. 대표적인 인물은 그의 베를린대학 교수직을 이어받은 트베스텐(A. Twesten, 1789~1876)과 슐라이어마허가 '신앙론'을 옹호하기 위해 공개서한을 보낸 뤽케(F. Lücke, 1791~1855)이다. 이들은 기독교와 학문을 매개하는 신학을 추구했으며, 이러한 신학의 방향에서 슐라이어마허의 신학원리와 일맥상통했다. 슐라이어마허에게서 기독교와 학문의 매개를 가능하게 하는 단초가 발견되는 것은 자연스럽다. 이후에는 로테(R. Rothe, 1799~1867)와 도르너(I. A. Dorner, 1809~1884)에 의해 기독교와 학문의 매개가 보다 사변적인 방식으로 수행되며, 이런 맥락에서 슐라이어마허와 헤겔 간의 적극적인 매개가 시도되기도 한다. 그 후 슐라이어마허의 신학은 에어랑엔 경험신학(Erfahrungstheologie)에 영향을 끼쳤으며, 19세기 신학의 전환을 이룩한 리츨(A. Ritschl, 1822~1889)과 그의 제자 트뢸치(E. Troeltsch, 1865~1923)에게서도 그의 신학의 흔적이 발견된다.

기독교와 학문을 매개하려는 슐라이어마허의 시도를 근본적으로 비판하는 바우어(F. Ch. Bauer, 1792~1860)와 슈트라우스(D. F. Strauß, 1808~1874)는 슐라이어마허와의 논쟁을 통해 오히려 그의 영향을 촉진한다. 이와 같이 비판을 통해 영향을 지속시킨 경우는 그 후에도 이어지는데, 이른바 변증법적 신학을 대변하는 칼 바르트(K. Barth, 1886~1968), 고가르텐(F. Gogarten, 1887~1967), 브룬너(E. Brunner, 1889~1966), 불트만(R. Bultmann, 1884~1976)이 이 경우에 해당한다. 이들은 1차 대전 이후의 변화된 세계에 걸맞은 새로운 신학의 단초를 슐라이어마허를 비판하는 데서 찾는다. 이들은 신학의 거장에 대해 안티운동을 할 때 벌어지는 틈새에서 새로운 신학을 구성하려고 한 것이다. 그러나 이들의 비판은 슐라이어마허가 제기한 신학적 물음과 문제를 지향한 것이 아니라 근대적 의식에 의해 조건지어진 신학을 목표로 삼았으며, 그 결과 슐라이어마허의 문제의식을 더 이상 주제화하지 못했다. 새로운 것은 언젠가 낡은 것이 될 수밖에 없듯이 20세기의 신학은 변증법적 신학을 비판적으로 고찰할 뿐 아니라, 신학적 논의의 마당에 슐라이어마허가 제기한 본래적인 신학문제를 다시금 끌어들이고 있다. 슐라이어마허를 재조명하는 것은 그의 신학에 대한 단순한 재구성을 넘어서며 새로운 신학적 생산성을 담보한다.

슐라이어마허신학의 현재적 의미는 그의 신학의 학문적 특징에서 찾아진다. 그것은 『종교론』, 『기독교 신앙』, 『변증법』 등에 나타나 있는 기독교와 학문의 연관이다. 슐라이어마허의 신학은 근대적 사고와 의식의 전제로부터 출발한다. 동시대의 다른 철학자들과 마찬가지로 슐라이어마허에게도 칸트의 비판철학은 피할 수 없는 신학적 조건이었다. 전통 형이상학을 비판하면서 '학문으로서의 형이상학'을 추구하는 칸트는 인식 가능한 세계와 인식 불가능한 세계를 명확하게 구별한다. 이로써 인식능력에 대한 비판 없이 무한자에 대해 설왕설래했던 형이상학들은 종말을 고하게 되고, 비판의 기준을 통과한 지식만이 참된 지식으로 간주된다. 이런 맥락에서 칸트에게 종교는 결코 지식과 학문적 형이상학의 대상이 될 수 없다. 그는 지식을 초월하는 무한한 세계를 도덕세계로 간주하고 이와 관계할 수 있는 능력을 실천이성으로 규정한다. 칸트에서는 도덕과 종교가 구별되지 않기 때문에 그의 신학은 도덕신학을 벗어나지 못하며, 지식과 도덕의 이원론을 벗어날 수 없게 된다.

슐라이어마허는 신학을 구해야 한다는 명분을 내세우면서

칸트의 혁명적 사유를 비켜가려고 하지 않았다. 그의 위대성은 칸트의 비판철학을 적극적으로 수용하면서도 그의 한계를 뛰어넘는 새로운 신학을 만들어낸 데 있다. 그는 우선 비판철학이 주장하는 인간 인식의 한계를 적극적으로 수용한다. 종교와 신앙은 이성과 학문의 체계로 수렴될 수 없는 것이다. 그렇다고 해서 종교와 신앙은 사고연관을 전적으로 벗어난 영역에 정초되어서도 안 된다. 인식비판의 틀을 벗어난 영역에서 설명되는 종교나 신학은 근대인의 사고방식에 부합하지 않을 뿐 아니라, 다른 학문과 분리됨으로써 결국은 아무런 설득력을 지니지 못하는 우스꽝스런 사유물이 될 것이기 때문이다.

슐라이어마허는 『종교론』에서부터 일관되게 신앙의 고유성을 인식비판의 기준을 벗어나지 않는 범위 안에서 설명하려고 한다. 그의 전략은 형이상학과 도덕과 종교를 명확하게 구별하고 각자의 독자성을 마련해 주는 데 있다. 이러한 관점에서 본다면 칸트는 도덕과 종교를 구별하지 않으며 헤겔은 형이상학과 종교를 구별하지 않는다. 비판철학의 이념을 수용하면서도 이 세 분과의 독자성을 주장할 수 있는 방법은 각 분과와 관계하는 인간의 능력을 규정하면서 이와 동시에 이들의 연관성을 밝히는 것이다. 슐라이어마허는 사고와 의지를 각각 형이상학과 도덕의 능력으로 규정하고 직관과 감정을 종교의 능력으로 규정한다. 더 나아가 감정을 사고와 의지를 동반하는 능력으로 규정하면서 이들 능력 간의 상호관계를 강조한다. 이러한 연관성은 철학과 신학, 사고와 경건, 이성과 신앙의 조화를 가능하게 할 뿐 아니라 칸트에 의해 이원론적으로 구별된 인간의 능력과 그것에 상응하는 두 세계를 다시금 하나로 통일시킨다.

여기서 슐라이어마허 특유의 '주관성 신학'이 드러난다. 신학은 인간의 능력과 무관하게 주어진 도그마에 대한 설명과 해석이 아니며, 근대적 시대 분위기에 짓눌린 계몽주의의 편린은 더더욱 아니다. 슐라이어마허에게 신학은 칸트 철학을 고려하는 가운데 형성된 주관성의 신학, 즉 종교의 절대적 내용과 이를 담아내는 주관성 형식의 교차를 정초하는 이론이다. 신학은 누구에게나 공통적인 주관성의 형식을 매개로 하여 다른 학문으로 연결될 수 있으며 다른 학문 또한 신학으로 연결될 수 있다. 여기서 신학과 여타 학문의 개방성과 교호성이 가능해진다. 신학은 개별 과학과 대립하거나 합리성 밖에서만 설명될 수 있는 분과가 아니라, 다른 학문과 더불어 공통의 토대를 가지면서도 그 경계를 넘어갈 수 있는 생산적인 분과이다.

슐라이어마허의 주관성 신학의 특징은 그가 강조하는 '종교적 경험'을 통해서 더욱 분명하게 드러난다. 그에게 종교적 경험은 주관성 신학을 가능하게 하는 방법적 원리이다.『종교론』이 말하는 '종교적 직관'과 '감정',『기독교 신앙』이 내세우는 '절대의존감정'과 '직접적 자기의식'은 다름 아니라 종교적 경험의 능력이자 가능조건이다. 따라서 신학적 진술은 경건한 심정의 상태를 명료화한 것 이상이 아니다. 무한자를 자기 가운데서 직접적으로 접촉하고 체험하는 것은 그 자체가 근원적이며 일차적인 반면, 신학적 진술은 이러한 근원성에서 파생되어 나온 이차적인 것에 불과하다. 그러므로 신앙인이 신앙의 내용을 직접적으로 접촉하고 이를 내면 가운데 생생하게 되살리는 실존적인 체험을 하지 않는 한 신앙은 추상적이고 형식적인 틀을 벗어날 수 없다. 신앙인의 내적 감동이 수반되지 않는 종교교육과 이것에 준거가 되는 교리의 권위는 신앙인의 실제적인 삶을 변화시킬 수 없을 뿐 아니라 심지어 신앙의 이름으로 사람들을 억압할 수 있다. 이에 반해 종교적 경험이 신앙으로 구체화되는 사람에게는 신앙을 매개로 한 자유가 그때마다 일어난다. 종교적 경험은 내면의 자유가 도달할 수 있는 최고의 지평이다. 종교적 권위는 경험과 무관하게 교리적으로 주어진 것이 아니라 경험이 산출하는 자유를 통해 새롭게 형성되어야 한다. 이런 맥락에서 키에르케고르, 불트만, 틸리히 등 20세기를 가로지르는 실존신학의 기조는 슐라이어마허의 주관성 신학과 결코 무관하지 않다.

종교개혁 이래 강조되어 온 신앙의 객관적 내용과 변화된 신앙인의 내면은 결코 어느 한쪽으로 수렴될 수 없다. 이러한 기준에서 이른바 정통주의, 경건주의, 자유주의, 신정통주의의 상호대립과 연관이 거론된다. 개신교 신학의 아버지로 불리는 슐라이어마허의 신학에는 이들의 균형과 조화가 성취되어 있다. 객관적인 교리가 중요한 만큼 이를 내적으로 정초하는 경험적 원리 또한 중요하다는 것이다. 더욱이 이것은 신학 내부적으로만 통용되는 조화라기보다 종교와 학문의 보편적 연관 속에서 받아들여지는 조화이다.

오늘날 슐라이어마허의 사상은 새로운 부흥기를 맞고 있다. 방대한 분량의 슐라이어마허의 전집이 문헌학적·비평적 고찰을 거쳐 재출판되고 있으며, 1999년 새롭게 조직된 국제슐라이어마허학회는 철학과 신학을 중심으로 학제 간 연구와 발표를 주도하고 있다. 『종교론』 출간 200주년을 기념으로 할레(Halle)에서 개최된 제1회 국제학술대회에 이어, 2003년에는 국제키에르케고르학회와 공동으로 '주관성'에 대한 논의를 준비하고 있다.

참고문헌

1. 슐라이어마허 전집
1.1 Sämtliche Werke, 1835~1864

신학

SW I/1 *Friedrich Schleiermachers sämtliche Werke*. Erste Abteilung. Zur Theologie. Erster Band, Berlin: G. Reimer, 1843. 525쪽.

SW I/2 *Friedrich Schleiermachers sämtliche Werke*. Erste Abteilung. Zur Theologie. Zweiter Band, Berlin: G. Reimer 1836. 653쪽.

SW I/3 *Der christliche Glaube nach den Grundsätzen der evangelischen Kirche im Zusammenhang dargestellt*. Erster Band. Berlin: G. Reimer, 1835, 477쪽.

SW I/4 *Der christliche Glaube nach den Grundsätzen der evangelischen Kirche im Zusammenhang dargestellt*. zweiter Band. Berlin: G. Reimer, 1835, 545쪽.

SW I/5 *Friedrich Schleiermachers sämtliche Werke*. Erste Abteilung. Zur Theologie. Fünfter Band, Berlin: G. Reimer, 1846. 725쪽.

SW I/6 *Das Leben Jesu*. Vorlesungen an der Universität zu Berlin im Jahr 1832. Aus Schleiermachers handschriftlichem Nachlasse und Nachschriften seiner Zuhörer herausgegeben von Karl August Rütenik, Berlin: G. Reimer, 1864, 511쪽.

SW I/7 *Hermeneutik und Kritik mit besonderer Beziehung auf das Neue Testament*. Aus Schleiermachers handschriftlichem Nachlasse und nachgeschriebenen Vorlesungen herausgegeben von Dr. Friedrich Lücke, Berlin: G. Reimer, 1838, 389쪽.

SW I/8 *Einleitung in das Neue Testament*. Aus Schleiermachers handschriftlichem Nachlasse und nachgeschriebenen Vorlesungen, mit einer Vorrede von Dr. Friedrich Lücke, herausgegeben von Georg Wolde, Berlin: G. Reimer, 1845, 482쪽.

SW I/9 미간행.

SW I/10 미간행.

SW I/11 *Geschichte der christlichen Kirche*. Aus Schleiermachers handschriftlichem Nachlasse und nachgeschriebenen Vorlesungen herausgegeben von Eduard Bonnell, Berlin: G. Reimer, 1840, 649쪽.

SW I/12 *Die christlche Sitte nach den Grundsätzen der evangelischen Kirche im Zusammenhange dargestellt*. Aus Schleiermachers handschriftlichem Nachlasse und nachgeschriebenen Vorlesungen herausgegeben von Ludwig Jonas, Belin: G. Reimer, 1843, 706쪽.

SW I/13 *Die praktische Theologie nach den Grundsätzen der evangelischen Kirche im Zusammenhange dargestellt*. Aus Schleiermachers handschriftlichem Nachlasse und nachgeschriebenen Vorlesungen herausgegeben von Jacob Frerichs, Berlin: G. Reimer, 1850, 844쪽.

설교

SW II/1 *Predigten*. Erster Band, Berlin: G. Reimer, 1834, 692쪽.

SW II/2 *Predigten*. Zweiter Band, Berlin: G. Reimer, 1834, 758쪽.

SW II/3 *Predigten*. Dritter Band, Berlin: G. Reimer, 1835, 789쪽.

SW II/4 *Predigten*. Vierter Band, Berlin: G. Reimer, 1835, 840쪽.

SW II/5 *Predigten über das Evangelium Marci und den Brief Pauli an die Kolosser*. Herausgegeben von Friedrich Zabel. Erster Teil, Berlin: F. A. Herbig, 1835, 448쪽.

SW II/6 *Predigten über das Evangelium Marci und den Brief Pauli an die Kolosser*. Herausgegeben von Friedrich Zabel. Zweiter Teil, Berlin: F. A. Herbig, 1835, 401쪽.

SW II/7 *Predigten in den Jahren 1789 bis 1810*. Aus Schleiermachers handschriftlichem Nachlasse und aus Nachschriften der Hörer herausgegeben von Adolph Sydow, Berlin: G. Reimer, 1836, 583쪽.

SW II/8 *Homilien über das Evangelium des Johannes, in den Jahren 1823 und 1824 gesprochen*. Aus wortgetreuen Nachschriften herausgegeben von Adolph Sydow, Berlin: G. Reimer, 1837, 475쪽.

SW II/9 *Homilien über das Evangelium des Johannes, in den Jahren 1825 und 1826 gesprochen*. Aus wortgetreuen Nachschriften herausgegeben von Adolph Sydow, Berlin: G. Reimer, 1836, 583쪽.

SW II/10 *Friedrich Schleiermachers literarischer Nachlaß. Predigten.* Sechster Band, Berlin: G. Reimer, 1856, 804쪽.

철학

SW III/1 *Dr. Friedrich Schleiermachers philosophische und vermischte Schriften.* Erster Band, Berlin: G. Reimer, 1846, 702쪽.

SW III/2 *Dr. Friedrich Schleiermachers philosophische und vermischte Schriften.* Zweiter Band, Berlin: G. Reimer, 1838, 495쪽.

SW III/3 *Reden und Abhandlung, der Königlichen Akademie vorgetragen.* Aus Schleiermachers handschriftlichem Nachlasse herausgegeben von Ludwig Jonas, Berlin: G. Reimer, 1835, 410쪽.

SW III/4.1 *Geschichte der Philosophie.* Aus Schleiermachers handschriftlichem Nachlasse herausgegben von Heinrich Ritter, Berlin: G. Reimer, 1839, 311쪽.

SW III/4.2 *Dialektik.* Aus Schleiermachers handschriftlichem Nachlasse herausgegeben von Ludwig Jonas, Berlin: G. Reimer, 1839, 610쪽.

SW III/5 *Entwurf eines System der Sittenlehre.* Aus Schleiermachers handschriftlichem Nachlasse herausgegeben von Alexander Schweizer, Berlin: G. Reimer, 1835, 479쪽.

SW III/6 *Psychologie.* Aus Schleiermachers handschriftlichem Nachlasse herausgegeben von Leopold George, Berlin: G. Reimer, 1862, 557쪽.

SW III/7 *Vorlesungen über die Ästhetik.* Aus Schleiermachers handschriftlichem Nachlasse und aus nachgeschriebenen Heften herausgegeben von Dr. Carl Lommatzsch, Berlin: G. Reimer, 1842, 710쪽.

SW III/8 *Die Lehre vom Staat.* Aus Schleiermachers handschriftlichem Nachlasse und aus nachgeschriebenen Vorlesungen herausgegeben von Christian August Brandis, Berlin: G. Reimer, 1845, 237쪽.

SW III/9 *Erziehungslehre.* Aus Schleiermachers handschriftlichem Nachlasse und nachgeschriebenen Vorlesungen herausgegeben von Carl Platz, Berlin: G. Reimer, 1849, 816쪽.

1.2 Kritische Gesamtausgabe, 1980 ~ 현재 (비평본).

저서

KGA I/1 *Jugendschriften 1789~1796*. Herausgegeben von Günter Meckenstock, Berlin/New York: de Gruyter, 1984, 609쪽.

KGA I/2 *Schriften aus der Berliner Zeit 1796~1799*. Herausgegeben von Günter Meckenstock, Berlin/New York: de Gruyter, 1984, 429쪽.

KGA I/3 *Schriften aus der Berliner Zeit 1800~1802*. Herausgegeben von Günter Meckenstock, Berlin/New York: de Gruyter, 1988, 603쪽.

KGA I/4 미간행.

KGA I/5 *Schriften aus der Hallenser Zeit 1804~1807*. Herausgegeben von Hermann Patsch, Berlin/New York: de Gruyter, 1995, 290쪽.

KGA I/6 *Universitätsschriften; Herakleitos; Kurze Darstellung des theologischen Studiums*. Herausgegeben von Dirk Schmid, Berlin/New York: de Gruyter, 1999, 473쪽.

KGA I/7.1 *Der christliche Glaube nach den Grundsätzen der evangelischen Kirche im Zusammenhang dargestellt (1821/22)*, Teilband 1. Herausgegeben von Hermann Patsch, Berlin/New York: de Gruyter, 1980, 357쪽.

KGA I/7.2 *Der christliche Glaube nach den Grundsätzen der evangelischen Kirche im Zusammenhang dargestellt (1821/22)*, Teilband 2. Herausgegeben von Hermann Patsch, Berlin/New York: de Gruyter, 1980, 409쪽.

KGA I/7.3 *Der christliche Glaube nach den Grundsätzen der evangelischen Kirche im Zusammenhang dargestellt (1821/22)*, Teilband 3. Marginalein und Anhang, unter Verwendung vorbereitender Arbeiten von Hayo Gerdes und Hermann Peiter herausgegeben von Ulrich Barth, Berlin/New York: de Gruyter, 1983, 672쪽.

KGA I/8 미간행.

KGA I/9 *Kirchenpolitische Schriften*. Herausgegeben von Günther Meckenstock, Berlin/New York: de Gruyter, 2000, 450쪽.

KGA I/10 *Theologisch-dogmatische Abhandlungen und Gelegenheitsschriften*. Herausgegeben von Hans-Friedrich Traulsen unter Mitwirkung von Martin Ohst, Berlin/New York: de Gruyter, 1990, 616쪽.

KGA I/11 미간행.

KGA I/12 *Über die Religion* (2.-)4. Auflage, Monologen (2.-)4. Auflage. Herausgegeben von Günther Meckenstock, Berlin/New York: de

Gruyter, 1995, 411쪽.

강의

KGA II/8 *Vorlesungen über die Lehre vom Staat*. Herausgegeben von Walter Jaeschke, Berlin/New York: de Gruyter, 1998, 968쪽.

설교
　미간행.

번역
　미간행.

편지

KGA V/1 *Briefwechsel 1774~1796* (Briefe 1-326). Herausgegeben von Andreas Arndt und Wolfgang Virmond, Berlin/New York: de Gruyter, 1985, 489쪽.

KGA V/2 *Briefwechsel 1796~1798* (Briefe 327-552). Herausgegeben von Andreas Arndt und Wolfgang Virmond, Berlin/New York: de Gruyter, 1988, 533쪽.

KGA V/3 *Briefwechsel 1799~1800* (Briefe 553-849). Herausgegeben von Andreas Arndt und Wolfgang Virmond, Berlin/New York: de Gruyter, 1992, 585쪽.

KGA V/4 *Briefwechsel 1800* (Briefe 850-1004). Herausgegeben von Andreas Arndt und Wolfgang Virmond, Berlin/New York: de Gruyter, 1985, 481쪽.

KGA V/5 *Briefwechsel 1801~1802* (Briefe 1005-1245). Herausgegeben von Andreas Arndt und Wolfgang Virmond, Berlin/New York: de Gruyter, 1999, 522쪽.

2. 국내 문헌

F. D. E. Schleiermacher. 최신한 옮김.『종교론 *Über die Religion*』. 서울: 대한기독교서회, ²2002.

F. D. E. Schleiermacher. 최신한 옮김.『해석학과 비평 *Hermeneutik*

und Kritik』. 철학과 현실사, 2000.
F. D. E. Schleiermacher. 최신한 옮김.『성탄 축제』*Weihnachtsfeier*, 문학사상사, 2001.
F. D. E. Schleiermacher. 최신한 옮김.『기독교 신앙 *Der christliche Glaube*』. 한길사, 근간.
F. D. E. Schleiermacher. 김경재·선한용·박근원 옮김.『신학연구입문 *Kurze Darstellung des theologischen Studiums zum Behuf einleitender Vorlesungen*』. 대한기독교출판사, 1983.

강돈구,『슐라이어마허의 해석학』, 이학사, 2000.
목창균,『슐라이에르마허의 신학사상』, 한국신학연구소, 1991.
최신한,『독백의 철학에서 대화의 철학으로』, 문예출판사, 2001
M. Redeker. 주재용 옮김.『슐라이에르마허 생애와 사상 *Schleiermacher. Leben und Werk*』(1768~1834). 대한기독교출판사, 1985.
F. Wintzer. 정인교 옮김.『현대설교학. 슐라이에르마허에서 칼 바르트까지』*Die Homiletik seit Schleiermacher bis in die Anfänge der dialektischen Theologie in Grundzügen*. 한국신학연구소, 1998.

3. 국외 문헌

Albrecht, Christian. *Schleiermachers Theorie der Frömmigkeit*. Berlin/New York, 1994.
Barth, Karl. *Die Theologie Schleiermachers. Vorlesung*. Göttingen Wintersemester, 1923/24, hg. von D. Ritschl, Zürich, 1978 (Karl Barth-Gesamtausgabe, Abteilung 2, Band 5).
Barth, Ulrich. *Christentum und Selbstbewußtsein. Versuch einer rationalen Rekonstruktion des systematischen Zusammenhangs von Schleiermachers subjektivitätstheoretischer Deutung der christlichen Religion*. Göttingen, 1983.
Barth, Ulrich. "Schleiermachers Reden als religionstheoretisches Modernisierungsprogramm". in: S. Vietta/D. Kemper (Hg.), *Ästhetische Moderne in Europa. Grundzüge und Problemzusammenhänge seit Romantik*. München, 1998, 441-474.
Barth, Ulrich/Osthövener, Claus.-Dieter, (Hg.). *200 Jahre Reden über*

die Religion. Akten des 1. Internationalen Kongresses der Schleiermacher-Gesellschaft Halle, 14. - 17. März 1999. Berlin, 2000 (Schleiermacher-Archiv, Bd. 19).

Birkner, Hans-Joachim, *Schleiermachers christliche Sittenlehre im Zusammenhang seines philosophisch-theologischen Systems*. Berlin, 1964.

Brachmann, Jens. *Friedrich Schleiermacher. Ein pädagogisches Porträt*. Weinheim/ Basel, 2002.

Burdorf, Dieter/Schmücker, Reinold (Hg.). *Dialogische Wissenschaft. Perspektiven der Philosophie Schleiermachers*. Paderborn/München/Wien/ Zürich, 1998.,

Choi, Shin-Hann. *Vermitteltes und unmittelbares Selbstbewußtsein. Zum Verhältnis von Philosophie und Religion bei Hegel und Schleiermacher*. Frankfurt/M., 1991.

Choi, Shin-Hann. "Trifft Hegels Kritik am Begriff der Unmittelbarkeit zu? Schleiermachers Plädoyer für die Unmittelbarkeit in seinen Reden 'Über die Religion'". in: *Schleiermacher Archiv*. Bd. 19, Berlin/New York, 2000, 444-466.

Choi, Shin-Hann. "Selbstbewußtsein, Subjektivität und Intersubjektivität". in: Helmer, Christine/Kranich, Christiane/Rehme-Iffert, Birgit(Hg.), *Schleiermachers Dialektik. Die Liebe zum Wissen in Philosophie und Theologie*. Tübingen 2003, 235-258.

Curran, Thomas H. *Doctrine and Speculation in Schleiermacher's Glaubenslehre*. Berlin/New York, 1994.

Diederich, Martin. *Schleiermachers Geistverständnis. Eine systematisch- theologische Untersuchung seiner philosophischen und theologischen Rede vom Geist*. Göttingen, 1999.

Dierken, Jörg. *Glauben und Lehre um modernen Protestantismus. Studien zum Verhältnis von religiösen Vollzug und theologischer Bestimmtheit bei Barth und Bultmann sowie Hegel und Schleiermacher*. Tübingen, 1996.

Dilthey, Wilhelm. *Leben Schleiermachers*. 2 Bde, Berlin, 1966.

Dittmer, Johannes Michael. *Schleiermachers Wissenschaftslehre als Entwurf einer prozessualen Metaphysik in semiotischer Perspektiv. Triadizitaet im Werden*. Berlin/New York, 2001.

Ebeling, Gerhard. "Zum Religionsbegriff Schleiermachers". in: H. M. Müller/D. Rössler (Hg.), *Reformation und Praktische Theologie*. Göttingen, 1983, 61-81.

Eckert, Michael. *Gott - Glauben und Wissen. Friedrich Schleiermachers Philosophische Theologie*. Berlin/New York, 1987.

Fischer, Hermann. *Friedrich Daniel Ernst Scheiermacher*. München, 2001.

Frank, Manfred. *Das individuelle Allgemeine. Textstrukturierung und -interpretation nach Schleiermacher*. Frankfurt/M., 1977.

Frost, Ursula. *Einigung des geistigen Lebens. Zur Theorie religiöser und allgemeiner Bildung bei Friedrich Schleiermacher*. Paderborn/München/Wien/Zürich 1991.

Gräb, Wilhelm. *Humanität und Christentumsgeschichte. Eine Untersuchung zum Geschichtsbegriff im Spätwerk Schleiermachers*. Göttingen, 1980.

Hermann, R., Artikel. "Schleiermacher". ^{3}*RGG*. Bd. V, 1422 ff..

Herms, Eilert *Herkunft, Entfaltung und erste Gestalt des Systems der Wissenschaften bei Schleiermacher*. Gütersloh, 1974.

Hertel, Friedrich. *Das theologische Denken Schleiermachers untersucht an der ersten Auflage seiner Reden "Über die Religion"*. 1965.

Hirsch, Emanuel. *Geschichte der neuern Evangelischen Theologie*. Bd. IV, 46. Kap., 1952.

Hofer, Michael. *Nächstenliebe - Freundschaft - Geselligkeit. Verstehen und Anerkennen bei Abel, Gadamer und Schleiermacher*. München, 1998.

Horstmann, Kai. *Zwischen Natur- und Sittengesetz. Fundamentalethik nach Schleiermacher im Gespräch mit Konrad Lorenz und Karl-Otto Apel*. Aachen/Mainz, 1999.

Huber, Friedrich (Hg.). *Reden über die Religion - 200 Jahre nach Schleiermacher. Eine interdisziplinäre Auseinandersetzung mit Schleiermachers Religionsverständnis*. Neukirchener, 2000.

Hübner, Ingolf. *Wissenschaftsbegriff und Theologieverständnis. Eine Untersuchung zu Schleiermaches Dialektik*. Berlin/New York, 1997.

Jørgensen, Theodor Holzdeppe. *Das religionsphilosophische Offenbarungsverständnis des späten Schleiermacher*. Tübingen, 1977.

Junker, Maureen. *Das Urbild des Gottesbewußtsein. Zur Entwicklung der Religionstheorie und Christologie Schleiermachers von der ersten zur zweiten Auflage der Glaubenslehre*. Berlin/New York, 1990.

Kumlehn, Martin. *Symbolisierendes Handeln. Schleiermachers Theorie religiö-*

ser Kommunikation und ihre Bedeutung für die gegenwärtige Religionspädagogik. Gütersloh, 1999.

Laist, Bruno. *Das Problem der Abhängigkeit in Schleiermachers Anthropologie und Bildungslehre.* Düsseldorf, 1965.

Lange, Dietz. (Hg.). *Friedrich Schleiermacher 1768~1834. Theologe-Philosoph-Pädagoge.* Göttingen, 1985.

Lehnerer, Thomas. *Die Kunsttheorie Friedrich Schleiermachers.* Stuttgart, 1987.

Mädler, Inken. *Kirche und bildende Kunst der Moderne. Ein am F. D. E. Schleiermacher orientierter Beitrag zur theologischen Urteilsbildung.* Tübingen, 1997.

Meckenstock, Günter. *Deterministische Ethik und kritische Theologie. Auseinandersetzung des frühen Schleiermacher mit Kant und Spinoza 1789~1794.* Berlin/New York, 1988.

Meckenstock, Günter. (Hg.). *Schleiermacher und die wissenschaftliche Kultur des Christentums.* Berlin/New York, 1991.

Moxter, Michael. "Neuzeitliche Umformungen der Theologie. Philosophische Aspekte in der neueren Schleiermacherliteratur". in: *Philosophische Rundschau* 41 (1994), 133-158.

Müller, Ernst. "Religion als 'Kunst ohne Kunstwerk', F. D. E. Schleiermachers 'Reden über die Religion' und das Problem ästhetischer Subjektivität". in: W. Braungart/G. Fuchs/M. Koch (Hg.), *Ästhetische und religiöse Erfahrungen des Jahrhundertwenden.* I: um 1800. Paderborn u.a., 1997, 149-165.

Nowak, Kurt. *Schleiermacher und die Frühromantik. Eine literaturgeschichtliche Studie zum romantischen Religionsverständnis und Menschenbild am Ende des 18. Jahrhunderts in Deutschland.* Weimar/Göttingen, 1986.

Nowak, Kurt. *Schleiermacher. Leben, Werk und Wirkung*, Göttingen, 2001.

Oberdorfer, Bernd. *Geselligkeit und Realisierung von Sittlichkeit. Die Theorieentwicklung Friedrich Schleiermachers bis 1799.* Berlin/New York 1995.

Pannenberg, Wolfhart. *Schleiermachers Schwierigkeit mit dem Schöp-*

fungsgedanken. München, 1996.
Pannenberg, Wolfhart. *Problemgeschichte der neueren evangelischen Theologie in Deutschland. Von Schleiermacher bis zu Barth und Tillich*. Göttingen, 1997.
Pleger, Wolfgang Hagen. *Schleiermachers Philosophie*. Berlin, 1988.
Riemer, Matthias. *Bildung und Christentum. Der Bildungsgedanke Schleiermachers*. Göttingen, 1989.
Schlenke, Dorothee. "*Geist und Gemeinschaft.*" *Die Systematische Bedeutung der Pneumatologie für Schleiermachers Theorie der christlichen Frömmigkeit*. Berlin/New York, 1998.
Schnur, Harald. *Schleiermachers Hermeneutik und ihre Vorgeschichte im 18. Jahrhundert. Studien zur Bibelauslegung, zu Hamann, Herder und F. Schlegel*. Stuttgart/Weimar, 1994.
Scholtz, Gunter. *Schleiermachers Musikphilosophie*. Göttingen, 1981.
Scholtz, Gunter. *Die Philosophie Schleiermachers*. Darmstadt, 1984.
Scholtz, Gunter. *Ethik und Hermeneutik. Schleiermachers Grundlegung der Geisteswissenschaften*. Frankfurt/M., 1995.
Schultz, Werner. "Das griechische Ethos in Schleiermachers Reden und Monologen". *NZSTh* 10. 1968, 261 ff..
Seifert, Paul. "Zur Theologie des jungen Schleiermachers". *NZSTh* 1. 1959, 184-289.
Selge, Kurt-Victor, (Hg.). *Internationaler Schleiermacher-Kongreß Berlin 1984*. 2Bde, Berlin/New York, 1985.
Senft, Ch. "Die neue Aktualität Schleiermachers". *PhR* 10. 1962, 283 ff..
Tice, Terrence N. *Schleiermacher Bibliography. With brief introductions, annotations, and index*. Princeton, New Jersey, 1966.
Timm, Hermann. *Die heilige Revolution. Das religiöse Totalitätskonzept der Frühromantik. Schleiermacher-Novalis-Friedrich Schlegel*. Frankfurt /M., 1978.
Trowitzsch, Michael. *Zeit zur Ewigkeit. Beiträge zum Zeitverständnis in der "Glaubenslehre" Schleiermachers*. München, 1976.
Wagner, Falk. *Schleiermachers Dialektik. Eine kritische Interpretation*. Gütersloh, 1974.

Welker, Michael. "Friedrich Daniel Ernst Schleiermacher. Universalisierung von Humanität". in: Josef Speck (Hg.), *Grundprobleme der großen Philosophen. Philosophie der Neuzeit III*. Göttingen, 1983, 9-45.

Wenz, Gunther., *Sinn und Geschmack fürs Unendliche. F. D. E. Schleiermachers Reden über die Religion an die Gebildeten unter ihren Verächtern von* 1799. München, 1999.

현대신학자평전 4
슐라이어마허
-감동과 대화의 사상가

초판인쇄_2003년 12월 8일
초판발행_2003년 12월 15일
지은 _최신한
펴낸 _심만수
펴낸 _(주)살림출판사
주소_110-847 서울시 종로구 평창동 358-1
출판등록_1989년 11월 1일 제9-210호
대표전화_ (02)379-4925~6
팩스_(02)379-4724
e-mail_salleem@chollian.net
홈페이지_http://www.sallimbooks.com

ⓒ (주)살림출판사, 2003 ISBN 89-522-0167-1 04230 (세트)
　　　　　　　　　　　　ISBN 89-522-0171-X 04230

* 잘못된 책은 구입하신 서점에서 바꾸어 드립니다.
* 저자와의 협의에 의해 인지를 생략합니다.

값 10,000원